200 TIRAGENS AUXILIARES PARA A CARTOMANCIA

Tarô, Lenormand, Sibila, Entidade

NEI NAIFF | VERA CHRYSTINA | ALEXSANDER LEPLETIER

200 TIRAGENS AUXILIARES PARA A CARTOMANCIA

Tarô, Lenormand, Sibila, Entidade

ALFABETO

Publicado em 2024 pela Editora Alfabeto

Supervisão geral: Edmilson Duran

Produção Editorial: Rackel Accetti

Desenvolvedora de Imagens: Gabriela Duran

Capa e diagramação: Décio Lopes

Revisão: Tatiana Müller

Crédito das imagens utilizadas nas aberturas de capítulos:
Tarô Clássico de Nei Naiff e Baralho Cigano
Lenormand Clássico de Paulo Rodrigues.

DADOS INTERNACIONAIS DE CATALOGAÇÃO DA PUBLICAÇÃO

Naiff, Nei / Chrystina, Vera / Lepletier, Alexsander

200 Tiragens Auxiliares para a Cartomancia: Tarô, Lenormand, Sibila, Entidade / Nei Naiff; Vera Chrystina; Alexsander Lepletier – 1ª edição – São Paulo: Editora Alfabeto, 2024.

ISBN 978-65-87905-77-8

1. Tarô 2. Arte divinatória 3. Cartomancia I. Título.

ALFABETO

EDITORA ALFABETO
Rua Ângela Tomé, 109 | Rudge Ramos
CEP: 09624-070 | São Bernardo do Campo/SP | Tel: (11)2351.4168
editorial@editoraalfabeto.com.br | www.editoraalfabeto.com.br

SUMÁRIO

PREFÁCIO DE VERA CHRYSTINA

No amplo estudo do tarô, as tiragens são de suma importância. Elas são o mapa de navegação para que o tarólogo acesse o conteúdo consciente e inconsciente do consulente. As tiragens são as guias e as vias que ajudam no aprofundamento de uma questão e facilitam a leitura simbólica. O tarô (e toda cartomancia) é um esoterismo vivo e vibrante em eterna evolução, assim como a diversidade dos métodos e das tiragens, já que vivemos em uma sociedade que se torna cada vez mais complexa, que necessita de novas abordagens em todos os âmbitos da vida.

Há algumas décadas, pouco se estudava a estrutura ou a metodologia das tiragens, pois o tarô foi sempre alvo de que as leituras de cartas seriam somente intuitivas e que não demandariam estudos ou aperfeiçoamentos. Não é bem assim. Atualmente, com a ampliação das redes sociais, de livros avançados de tarô e da cartomancia, tudo isso agregado aos assuntos contemporâneos, é possível verificar como o estudo das tiragens é fundamental para uma boa consulta ao atender aos anseios do consulente.

Assim, querido leitor, ao embarcar nesta viagem fascinante do estudo das tiragens, lembre-se de como elas são importantes para uma boa leitura, além de um portal sagrado entre a mente do tarólogo e a mente do consulente. O tarô é como uma constelação (arcanos) que se desdobra em outras constelações (consulente); o tarólogo é como um astrônomo que usa uma bússola (tiragem) para melhor orientação e localização no espaço-tempo (oráculo, aconselhamentos).

Bem-vindo ao estudo das tiragens de tarô.

Que sua jornada seja de luz, evolução e muita revelação!

Agradeço de coração a Nei Naiff pelo convite para participar deste livro. É uma honra! Muito obrigada!

Vera Chrystina da Costa Santos.

PREFÁCIO DE ALEXSANDER LEPLETIER

As tiragens são um importante recurso para organizar as informações que os baralhos nos trazem, auxiliando a contar a história do consulente, amparando direcionamentos e aconselhamentos. Elas funcionam como um mapa, localizando aqueles dados no contexto de sua vida, igualmente revelando como esses eventos (trazidos para a mesa de jogo) se desenvolvem, afetando o consulente e vice-versa, uma vez que as tiragens ampliam e aprofundam a visão.

Apesar de todos esses benefícios, há quem prefira ler as cartas de modo livre (sem métodos ou tiragens), como nos primórdios da cartomancia. Não há problema algum nisso — não é demérito, é apenas uma escolha. Mesmo assim, é sempre bom ter um trunfo na manga, pois, quando os pensamentos estão repletos de projetos, ansiosos ou imersos em um contexto nebuloso, o uso de tiragens apropriadas faz muita diferença em uma consulta, fornecendo o fio da meada, abrindo caminho para uma boa leitura.

Este livro foi escrito para todos aqueles que se dedicam à prática da cartomancia. Aqui, reunimos uma coletânea de tiragens, selecionadas cuidadosamente, a partir de nossa experiência como professores e pesquisadores de tarô — de Sibila ou de Lenormand — e, ainda, como observadores da sociedade por intermédio de nossos consultantes. Assim, conseguimos produzir um catálogo atualizado, apropriado às demandas contemporâneas que nos apresentam desafios e conquistas, novas formas de ser, de estar e de nos relacionar.

Agradeço, do fundo do coração, ao meu amigo e mestre Nei Naiff, que é minha maior referência profissional, o alicerce de meu trabalho, meu amigo amado, sempre perto, sempre junto, pelo convite para a construção desta obra, junto com minha amada e querida amiga de sempre, esta grande profissional e mulher: Vera Chrystina.

Querido leitor, que este livro seja seu companheiro e que possa fazer a diferença em aprimorar suas leituras cartomânticas.

Um forte abraço!

Alexsander Lepletier

INTRODUÇÃO

Por quatro décadas colecionei tiragens, o que acredito ser uma dinâmica igualmente corriqueira entre outros profissionais e estudantes de tarô ou da cartomancia em geral, visto que a receptividade do livro *200 Tiragens Auxiliares do Tarô, coletânea de questões essenciais* foi surpreendente. Lembro que, ao convidar os tarólogos Juan Campos e Giovanna Lucato para organizarmos um compêndio de tiragens para o tarô, estávamos confiantes no interesse público da obra. No entanto, foi além do esperado, havendo rapidamente novas edições — saliento que o maravilhoso resultado se deve ao avanço do estudo do tarô, em língua portuguesa, no Brasil e em Portugal, demonstrando que os estudantes e os tarólogos profissionais desejam se aprofundar em temas mais objetivos ou complexos, indo além das tiragens básicas.

Esse sucesso me motivou a idealizar e a organizar um segundo volume, com tópicos complementares ao primeiro, com temas solicitados pelos leitores, acrescentando novas perspectivas. Novamente, pelo trabalho hercúleo, convidei dois profundos conhecedores do tarô e da cartomancia: Alexsander Lepletier e Vera Chrystina Santos, uma vez que, além da brilhante trajetória profissional, ambos se dedicam a ensinar novas tiragens em suas mídias sociais.

Por alguns meses, reunimos tiragens originais, mas também outras, muito interessantes, retiradas de livros básicos de tarô ou de publicações nas redes sociais (cujas fontes se encontram no capítulo *Referências*). No entanto, pontuo que, ao selecionar e testar, não obtivemos boa leitura de algumas tiragens, ou então os significados das casas eram incoerentes em relação ao seu conjunto; por isso, reescrevemos certas questões ou rebatizamos a nomenclatura para se tornarem mais próximas do objetivo principal da tiragem.

Neste volume, priorizamos questões transcendentais, com tiragens mais abrangentes para a autoajuda (psicoemocional ou psicossocial) e a espiritualidade (fé, crença, mediunidade, vidas passadas, mundo astral), bem como leituras para baralhos de entidades ou de maior conexão intuitiva com as próprias cartas, além de tipos de energias intrusas ou negativas na vida ou no ambiente. Assinalo igualmente que há tiragens inovadoras para os cuidadores de animais de estimação (pets), e sobre os diversos tipos de luto e conflitos afetivos ou de amizades. Tratamos, principalmente, da identidade de gênero e da orientação sexual, abordando questões delicadas no âmbito social: a homofobia, a transgeneridade e as pessoas transgênero, e a família de pessoas LGBTI+.

Ao utilizar qualquer tiragem deste volume ou do primeiro, enfatizamos que os oráculos em geral (cartas de Tarô, de Lenormand, de Sibilas, de Entidades, ou melhor, todo tipo de cartomancia) não são moralizadores, deterministas ou fatalistas, tampouco tendenciosos à cultura psicoespiritual ou religiosa do tarólogo ou do tarotista. Tudo é livre, adaptável, filosófico, aconselhador. As cartas respondem a qualquer situação, indicando ser positiva ou negativa, progressiva ou retrógrada, motivando a seguir adiante, a mudar de postura ou a desistir. A função do oráculo é orientar, mas o livre-arbítrio é perene e cada um é responsável pelas próprias escolhas, bem como pelos seus resultados diante dos aconselhamentos.

Um dos objetivos dessas duas coletâneas — reunindo 400 tiragens — é que o tarólogo ou o cartomante possa escolher (com seu consulente) a melhor leitura para resolver os desejos ou os conflitos existentes. Ademais, aconselhamos que mantenham um registro do atendimento, incluindo a data, a questão e a posição das cartas, para sanar dúvidas futuras. Seguindo a concepção do primeiro volume, aqui você também encontrará um QR Code[1] em algumas tiragens, levando a uma das múltiplas possibilidades de entendimento da obra, o que pode incluir um vídeo com interpretação do jogo, PDF com exemplo de leitura, podcast com orientação oracular, indicação de sites, livros e tarôs.

Todas as tiragens apresentadas podem ser abertas, lidas ou interpretadas com qualquer cartomancia (Tarô, Lenormand, Sibila, Entidade, baralhos místicos em geral). Além disso, todo oráculo em forma de cartas (Runas, I Ching, Cristais, Florais, Anjos, Orixás, Zodíaco etc.) pode utilizar nossas tiragens — tudo dependerá do grau de conhecimento das estruturas simbólicas e cartomânticas, e de que você saiba usá-las com maestria. Temos, então, uma coletânea de ponta para oraculistas que desejam aprimorar suas consultas, aplicando o saber imediato.

Tiragens são chaves oraculares para a simbologia da carta.

Nei Naiff
www.tarotista.com.br

---

1. Um símbolo abaixo da tiragem, no qual focando a câmara de seu celular, e ligado a internet, terá um link que o levará a um complemento para ver, ler, estudar quantas vezes desejar!

Capítulo 1

VIDA INTERIOR

NÍVEL PSICOESPIRITUAL — sob este tema foram agrupadas as tiragens que requerem um grau maior de atenção ou de autoavaliação, pois tangenciam a transcendência em busca do autoconhecimento ou de especificidades do plano espiritual. Muitas vezes, questionamos a existência, valores e encargos diante de uma situação ou época muito difícil, por não encontrar respostas compreensivas. Por isso, comumente entramos em um processo de autodepreciação, apatia ou desalento. Este capítulo foi pensado nestas questões: encontrar a si mesmo, desenvolver a autoconfiança e o amor-próprio, e como enfrentar a negatividade. Cada tiragem é específica para um momento, uma dúvida, uma dificuldade. Leia cada uma, identifique sua questão e lance as cartas. Toda luz em sua jornada!

Grupo 1: Autoajuda — 34 tiragens

Grupo 2: Autoconhecimento — 9 tiragens

Grupo 3: Espiritualidade — 35 tiragens

Grupo 4: Negatividade — 7 tiragens

AUTOAJUDA

Dúvidas, obstáculos e desafios

1 – CARA A CARA

Tiragem para ajudar a encarar uma situação difícil, um obstáculo novo ou recorrente.

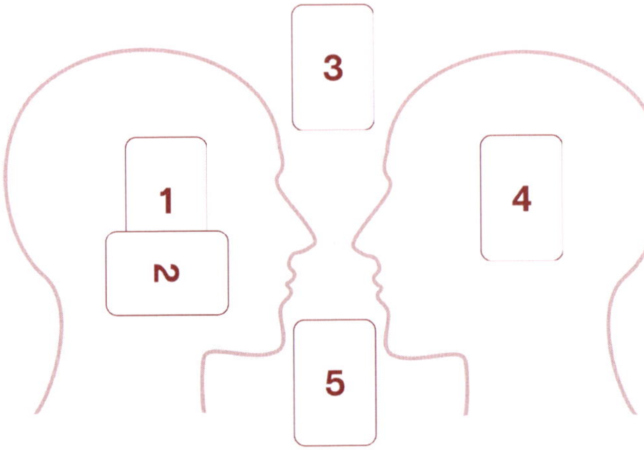

1 – O problema que está enfrentando.

2 – O que te impede de encarar a verdade?

3 – A verdade que não quer ver.

4 – Como superar esse problema?

5 – Como essa verdade o afetará?

2 – DURAS VERDADES

Esta tiragem auxilia a ver uma situação (específica, objetiva) como realmente se apresenta.

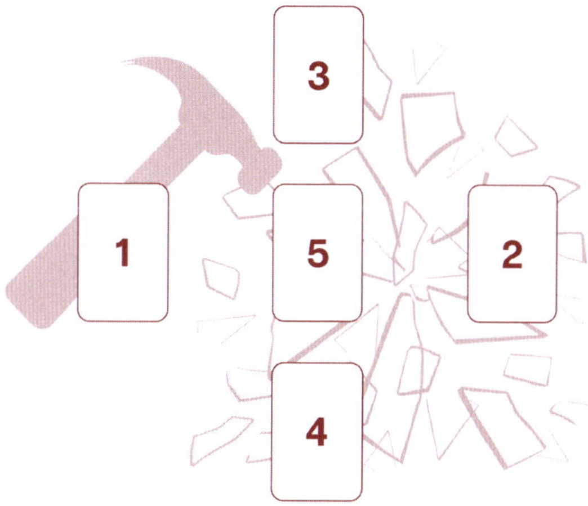

1 – O que deseja que ocorra, qual sua intenção?

2 – O que não quer que aconteça?

3 – Esta é a verdade: isso é o que é!

4 – O resultado, a conclusão.

5 – Qual é a melhor forma de lidar com essa situação?

3 – POLIANA

Esta tiragem ajuda a tirar os óculos cor-de-rosa, observando a verdade e suas consequências.

1 – O que não vejo?

2 – Que impacto isso causa em mim?

3 – Por que não consigo ver as coisas?

4 – Como ver a verdade?

5 – Quais as consequências dessa realidade?

4 – FATOS E FOTOS

Tiragem que proporciona uma consciência ampla, observando as consequências das ações.

1 – O que é preciso saber?

2 – O que está acontecendo no momento?

3 – Como o passado afeta você?

4 – Como seu inconsciente afeta você?

5 – Como suas ações irão influenciar o seu futuro?

6 – Uma mensagem para reflexão.

5 – LIDANDO COM A REALIDADE

Tiragem para ampliar a consciência, encarando a nossa realidade e os problemas.

1 – Qual é o aspecto da realidade que estou evitando?

2 – Como posso aceitar a realidade que venho evitando?

3 – Qual é o padrão de comportamento ativado pela necessidade de evitar essa verdade?

4 – O que preciso para lidar com essa realidade?

6 – O QUE DEVO FAZER?

Esta tiragem ajuda a decidir o que fazer diante de situações muito difíceis.

1 – O que devo fazer agora?

2 – Por que devo fazer isso? (análise da C1)

3 – O que devo evitar?

4 – Por que devo fazer isso? (análise da C2)

5 – O que conseguirei se seguir as orientações? (C1 e C2)

6 – O que acontecerá se não as seguir?

7 – Mais conselhos.

7 – REFÉM DO SEGREDO

Esta tiragem lida com segredos ou com uma situação em que uma informação ou sua revelação pode ter consequências profundas.

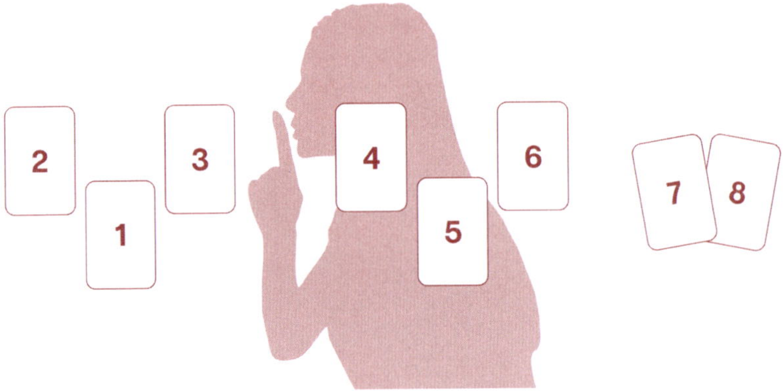

1 – O que está mal resolvido e escondido?

2 – Como isso afeta você?

3 – Como afeta os outros?

4 – O que pode acontecer se isso for descoberto?

5 – E se continuar escondido?

6 – O que você precisa saber.

7 – Conselho.

8 – Futuro.

8 – ESTRADA DA VIDA

Esta tiragem auxilia a se situar e ter um vislumbre do que pode encontrar à frente.

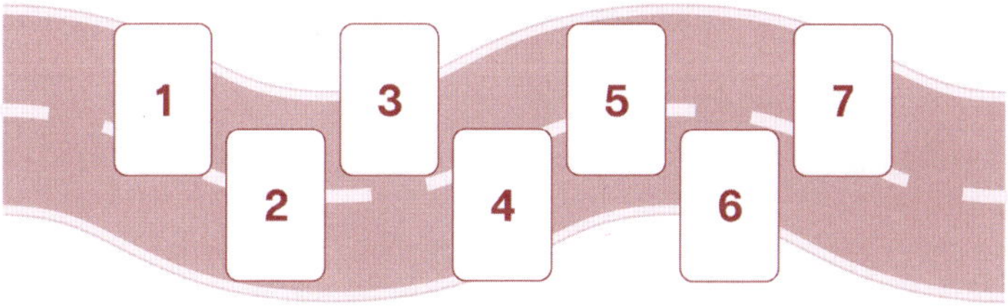

1 – Onde estou agora?
2 – Para onde estou me dirigindo?
3 – Quais são os próximos acontecimentos da minha jornada?
4 – Como vejo a estrada à minha frente?
5 – Consigo interpretar e seguir corretamente os sinais?
6 – Que tipos de encontros me aguardam pelo caminho?
7 – Como está minha proteção contra os perigos?

9 – CONVEXO

Esta tiragem proporciona uma reflexão sobre o próprio corpo em relação aos padrões impostos pela sociedade.

1 – Como me relaciono com o meu corpo?
2 – Como essa relação afeta minha vida afetiva?
3 – Como essa relação problematiza minha vida social?
4 – Como essa relação transtorna o meu psicoemocional?
5 – O que gerou esse tipo de relação com meu corpo?
6 – O que fazer para sanar essa concepção disfórmica?

10 – RAIO-X DA ALMA

Esta tiragem fornece uma visão holística da vida, revelando as necessidades e o modo como se observa o mundo.

1 – Do que meu corpo necessita?

2 – Do que minha alma carece?

3 – Como está meu psicoemocional?

4 – Como meu inconsciente afeta minha mente?

5 – Como lidar com minhas sombras (parte primitiva, errática)?

6 – Como estou inserido no contexto social?

7 – Como devo lidar com as pessoas?

8 – Uma qualidade que preciso reconhecer.

9 – Um defeito que necessito melhorar.

#10

11 – A BÚSSOLA DA ALMA

Esta tiragem permite saber os rumos da vida para realizar seus objetivos.

1 – Como eu estou no momento?

2 – Estou seguindo na direção certa?

3 – O que devo abandonar?

4 – O que me atrapalha?

5 – O que me ajuda?

6 – Conseguirei atingir meus objetivos no tempo estimado?

12 – ABISMO

Esta tiragem permite explorar situações ou conhecer pessoas até as camadas mais profundas.

1 – O que está na superfície? O que é visível?

2 – O que está abaixo e é pouco visível?

3 – O que está mais profundo e não é perceptível aos outros?

4 – O que está ainda mais fundo e escapa ao olhar de todos (o inconsciente)?

5 – A natureza essencial da questão. A origem de tudo.

6 – O futuro. O que esperar dessa situação?

13 – IMBRÓGLIO 2.0

Esta tiragem avalia o obstáculo, o estrago ou a confusão que avança pela vida, trazendo reflexão.

1 – A desgraça.
2 – A mentira.
3 – A verdade.
4 – O dano.
5 – A solução.
6 – O futuro.

14 – MINIMANDALA

Esta tiragem é uma boa alternativa para visualizar um panorama de todos os setores da vida.

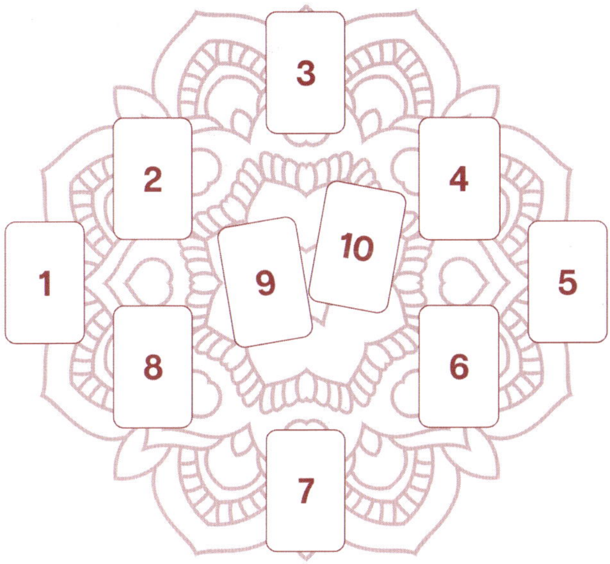

1 – O momento.

2 – O passado recente.

3 – O futuro imediato.

4 – Plano material.

5 – Plano emocional.

6 – Plano sentimental.

7 – Plano espiritual.

8 – O que acontece pelas minhas ações?

9 – O que vem do outro?

10 – O que vem do destino?

15 – O JOGO DA TORRE

Esta tiragem, inspirada no arcano 16, oferece reflexão e perspectiva para resolver os problemas.

1 – O que está bloqueado?

2 – Qual é a causa do bloqueio?

3 – Qual é a consequência disso?

4 – É hora de lidar com isso?

5 – Qual é ou será a reação dos outros?

6 – Como lidar com essa situação?

7 – Qual é a melhor qualidade para lidar com isso?

8 – Como a situação pode ser vista como um todo?

9 – O que trará a solução?

16 – O TIRO CERTO

Esta tiragem ajuda a ampliar a consciência, otimizando as ações para atingir as metas.

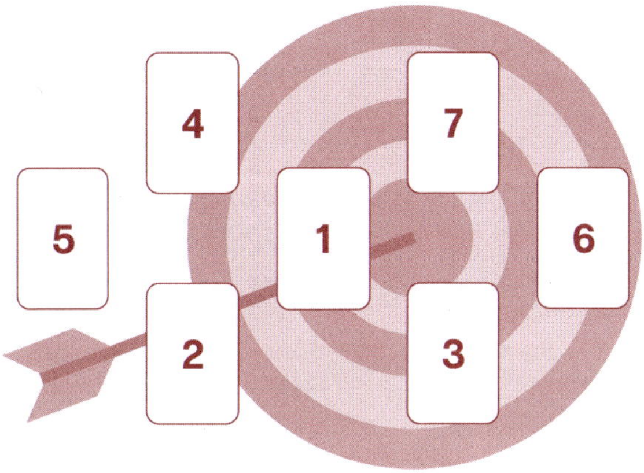

1 – Como a pessoa está diante do seu objetivo?

2 – Como o passado afeta a questão?

3 – Os obstáculos.

4 – Os recursos que possui para chegar ao sucesso.

5 – O que pode levá-la ao fracasso?

6 – O resultado.

7 – O conselho.

17 – JOGO DO SOL

Tiragem inspirada no arcano 19 para trazer autoconsciência, reconhecendo recursos pessoais e espirituais para atingir a prosperidade.

1 – O que deve ser deixado para trás?
2 – O que me atrapalha?
3 – O que me ajuda?
4 – Potenciais a serem despertados.
5 – O que deve ser priorizado?
6 – Como vejo as coisas?
7 – Os recursos disponíveis.
8 – Que energia ou força divina ajudaria a abrir os caminhos?
9 – Resultado.

18 – METAMORFOSE

Tiragem indicada para os momentos de grandes mudanças na vida, que exigem adaptação aos novos tempos.

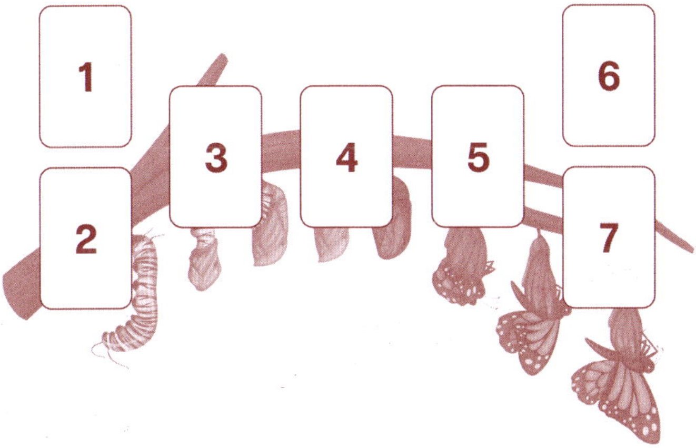

1 – Como era antes da mudança?

2 – O que fez a mudança acontecer?

3 – Como ocorre o processo de mudança?

4 – O que se perde?

5 – O que se ganha?

6 – O resultado.

7 – O conselho.

19 – MAR DA VIDA

Esta tiragem amplia a consciência, preparando para novos tempos, superando obstáculos.

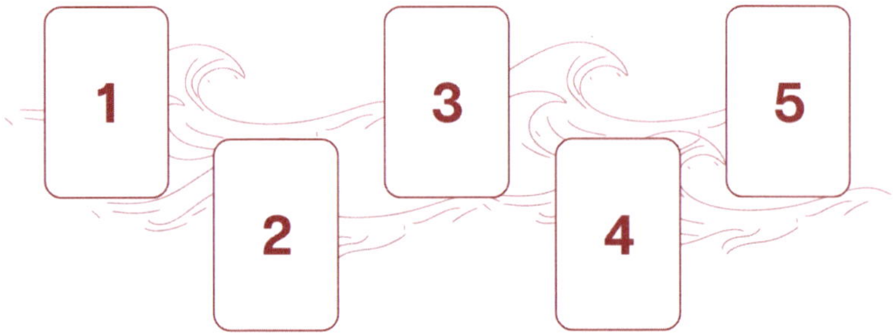

1 – Como está o mar da minha vida?

2 – Como conduzo meu barco? Como levo a minha vida?

3 – Âncora: como resisto e me estabilizo diante da pressão dos obstáculos?

4 – O que está escondido no fundo do mar?

5 – O que vem à tona?

20 – JOGO DO GLAMOUR

Esta tiragem é um luxo, pois auxilia a encontrar o melhor de si, irradiando a própria luz!

1 – O que é lindo em mim?

2 – O que fortalece a minha autoestima?

3 – O que me faz único(a)?

4 – Qual é a minha qualidade mais admirável?

5 – O que me faz brilhar?

6 – Como posso reconhecer minha beleza externa?

7 – E a interna?

8 – Como posso reconhecer o meu valor?

9 – Como posso viver os prazeres e alegrias da vida?

10 – Como posso ser glamouroso(a)?

21 – QUARTETO

Tiragem excelente para perguntas objetivas.

1 – O assunto, a questão.

2 – Qual é o obstáculo a ser resolvido?

3 – Qual caminho a seguir?

4 – O resultado.

22 – A CRUZ DE SEIS CARTAS

Tiragem para analisar os fatos de qualquer situação.

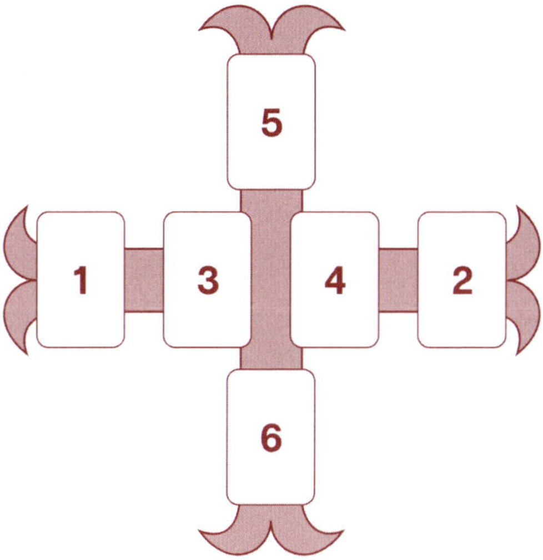

1 – Como o consulente age na situação em curso?
2 – A verdadeira natureza do problema.
3 – Qual foi o fato que desencadeou a dificuldade?
4 – De que maneira essa energia afeta o consulente?
5 – Desenvolvimento da situação.
6 – A solução para o problema.

23 – CONSELHO DA VOVÓ CIGANA

Tem dúvidas, quer um conselho? Tiragem excelente para o próximo passo rumo a uma decisão.

1 – A questão, a situação.

2 – O que não deve fazer?

3 – O que deve fazer?

4 – O próximo passo que deve dar.

#23

24 – A ÁRVORE

O que deve ser eliminado? Quais são as condições que favorecem a situação? Esta tiragem aclara tudinho!

1 – As raízes: o passado ou o que causou a situação atual.

2 – O tronco: a direção, a evolução provável da situação presente.

3 – Os ramos: condições favoráveis ou o que pode ser desenvolvido.

4 – Galhos mortos: os obstáculos ou o que deve ser eliminado.

5 – As folhas: o resultado, o futuro da questão.

25 – FERRADURA DE CINCO CARTAS

Esta tiragem é ótima para uma questão que exija paciência, como venda ou compra, algo ligado à justiça ou aos negócios.

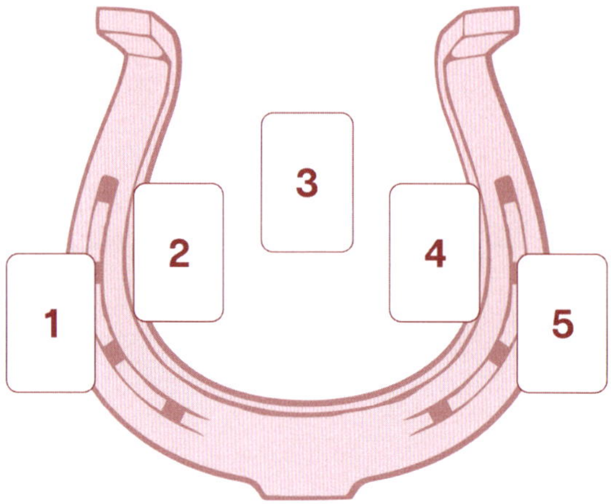

1 – Situação presente.

2 – Expectativas no momento presente.

3 – O que você não espera?

4 – Futuro imediato.

5 – Futuro distante (dez a doze meses).

26 – BURACO DA FECHADURA

Ótima tiragem para aclarar um problema complexo e acalmar o psicoemocional.

1 – Como está o consulente em relação ao assunto perguntado.

2 – O que impulsiona o consulente dentro do que foi perguntado.

3 – O que atrapalha o consulente?

4 – Ponto de atenção. O que deve ser considerado como alerta.

5 – Resultado. Futuro da questão.

27 – SÃO CLEMENTE

Esta tiragem pode acalmar a mente e o coração que estão com milhões de obstáculos para resolver!

1 – Passado, origem ou causa do problema.

2 – Influência do problema no presente, influências negativas, passado recente.

3 – Estado atual ou situação do consulente no momento presente.

4 – Futuro imediato.

5 – Futuro de médio prazo.

28 – CHARADA

Esta tiragem ajuda a esclarecer toda angústia de qualquer natureza, criando perspectivas, suavizando a alma.

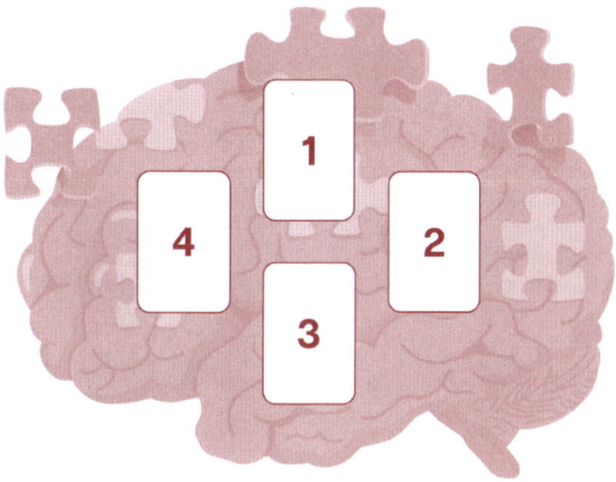

1 – Que aspecto ou poder atua na situação?

2 – Há outro poder ou aspecto em atividade na situação?

3 – Qual é a melhor atitude a tomar?

4 – Observar todos os fatores. Resultado da ação.

#28

29 – TÚNEL ESCURO

Esta tiragem mostra os prós e contras, apontando várias perspectivas em relação a divórcio, demissão etc.

1 – Fiz o que era possível até agora?

2 – O que tenho que enfrentar no momento?

3 – O que desconheço sobre a situação?

4 – Qual é o impedimento oculto?

5 – Como as pessoas ao meu redor se comportam?

6 – O que posso fazer?

7 – Qual é o resultado futuro?

#29

30 – MAPA DA DOR

Esta tiragem revela os pontos de aflição, fornecendo soluções para diversos problemas, como divórcio, separação, demissão, luto, dívidas, desemprego, solidão, doenças incuráveis etc.

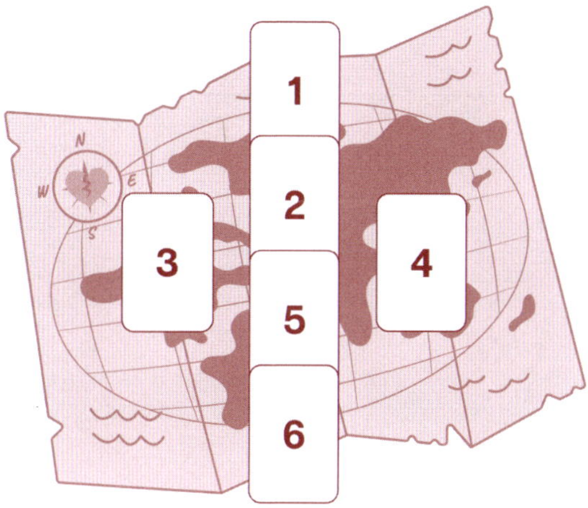

1 – O que é necessário para curar a minha dor?

2 – O que me faz sofrer?

3 – Como essa dor ou mágoa atrapalha a minha vida?

4 – Como curar essa ferida?

5 – Para onde a cura me leva?

6 – Conselho do Eu Superior.

#30

31 – ESCAPISMO

Esta tiragem orienta, mas não cura (buscar ajuda médica profissional é fundamental), servindo para compreender o que gera a dependência de remédios, álcool, drogas ilícitas etc.

1 – A dependência química me ajuda em quê?

2 – A causa ou origem do meu vício.

3 – O que desejo anestesiar (não lembrar ou não sentir)?

4 – Quais são as consequências que terei se não resolver o vício?

5 – A família ajuda, tem consciência?

6 – O que devo fazer para ter uma vida mais saudável?

7 – Qual é o prognóstico para os próximos seis meses?

#31

32 – COMPULSÃO

Esta tiragem revela pontos de reflexão visando a busca da cura para todo tipo de compulsão, seja sexual, alimentar, de compra, coleção, objetos etc.

1 – O que está por trás do meu vício?

2 – Qual é o motivo atual da compulsão?

3 – Como o meio social me afeta?

4 – Qual setor da minha vida é mais afetado?

5 – Conseguirei parar sem ajuda psicológica?

6 – Devo procurar auxílio profissional médico?

7 – Conselho do meu Eu Superior.

#32

33 – NOVO HORIZONTE

Esta tiragem é para situações que não existem e para as quais não há retorno, portanto, é para momentos em que se deve buscar novas perspectivas, seguir em frente.

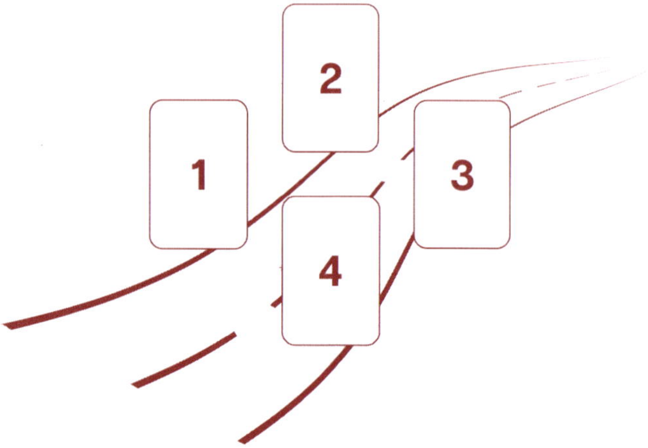

1 – Aquilo que já se perdeu e não pode ser aproveitado.
2 – O que sobrou e não consigo enxergar?
3 – O caminho a ser seguido.
4 – O novo horizonte.

34 – DIVÃ DA SABEDORIA

Esta tiragem aclara pontos importantes de um problema ou dificuldade recorrente.

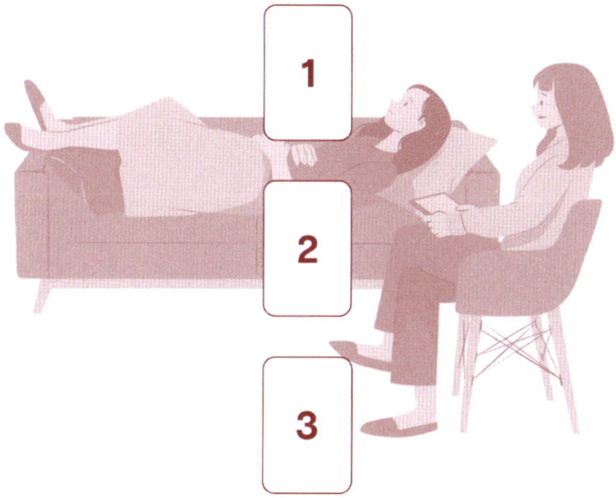

1 – Como o comportamento ou a atitude em questão trazem problemas?

2 – O que terá de enfrentar para mudar sua conduta.

3 – O conselho para guiar as ações de agora em diante.

AUTOCONHECIMENTO

Autorreflexão, autoanálise, crises existenciais

35 – VERDADE PESSOAL

Esta tiragem auxilia a encarar a verdade, revelando como as fantasias podem estragar a vida.

1 – Como estou emocionalmente?

2 – Por que me engano?

3 – A verdade que não quero ver.

4 – Qual é o impacto da verdade na minha vida?

5 – A que devo ter atenção?

6 – Quais são os recursos que tenho para lidar com o problema?

7 – Como encarar essa realidade afetará a minha vida?

36 – A NÉVOA INTERIOR

A ilusão ou o equívoco acabam por servir como fuga de alguma dor ou problema. Esta tiragem aclara e vem como um instrumento para se conectar consigo mesmo e com a realidade.

1 – Como minha mente entende a situação?

2 – Como meu emocional afeta a percepção da situação?

3 – O que me fez criar ilusões?

4 – O que eu preciso ver?

5 – O que não pode ser mudado, o que preciso aceitar?

6 – O que eu posso mudar?

7 – Qual é a melhor forma de lidar com essa situação?

37 – CONFIE EM SI MESMO

Qual é sua insegurança, o que o aflige? Esta tiragem ajuda a se conectar com as forças psicoemocionais, resgatando a tão cara autoconfiança.

1 – A situação.

2 – Como a vejo.

3 – Como me sinto diante dela.

4 – O que preciso para confiar em mim.

5 – Os recursos que tenho para lidar com isso.

6 – O resultado.

38 – ESPELHO MÁGICO

Esta tiragem leva a um mergulho profundo, ajudando a descobrir a totalidade do ser, fornecendo a oportunidade de ser feliz.

1 – O que é mais chato/inoportuno em mim?
2 – Como perco o limite do bom senso?
3 – Qual é minha positividade?
4 – Qual é minha negatividade?
5 – Como me relaciono comigo mesmo?
6 – Como me relaciono com os outros?
7 – Como os outros me veem?
8 – Como lido com a minha sexualidade?
9 – Como me relaciono afetivamente?
10 – Como posso viver o melhor de mim?
11 – O que necessito melhorar?

#38

39 – PLENITUDE

Esta tiragem ajuda a solucionar as angústias e as dúvidas, atingindo a plenitude.

1 – Por que me sinto assim?

2 – Como está a minha vida no momento?

3 – Como eu posso superar esses sentimentos de menos valia?

4 – O que posso fazer para me fortalecer?

5 – O que pode me ajudar a reconhecer quem eu sou na minha plenitude?

6 – Qual qualidade minha pode me ajudar neste momento?

40 – FUNDO DO MAR

Esta tiragem é ideal para quem quer fazer uma investigação profunda sobre uma situação ou pessoa — e o que mais a criatividade permitir.

1 – A superfície: o que é visível.

2 – O que está abaixo e é pouco visível.

3 – O que está mais profundo e não é perceptível aos outros.

4 – O que está ainda mais fundo e escapa ao olhar de todos (o inconsciente).

5 – A natureza essencial da questão. A origem de tudo.

6 – O futuro. O que esperar dessa situação.

41 – ÁRVORE DA COMPREENSÃO DA VIDA

Esta tiragem foi elaborada para atualizar qual é o seu propósito e como o está vivendo.

1 – Raiz: Qual é a importância das minhas raízes? Como elas se apresentam?

2 – Caule: Como estou valorizando minhas experiências de vida?

3 – Folhas: Como estou interagindo com o mundo?

4 – Flores: Como estou valorizando as minhas qualidades?

5 – Frutos: As minhas ações estão gerando bons frutos?

6 – Sementes: Como posso qualificar as minhas sementes?

#41

42 – O MEDO

Esta tiragem ajuda a entender o que se teme e como superar a ansiedade ou a angústia.

1 – O seu medo no momento presente.

2 – Como esse medo me paralisa?

3 – Como superar?

4 – Resultado.

43 – LUZ E SOMBRA

Esta tiragem serve para entender a dualidade da alma: o que se deve aceitar ou melhorar?

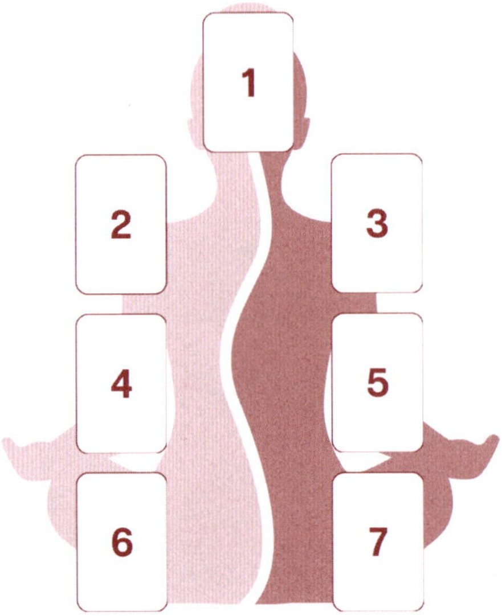

1 – Seu estado de equilíbrio.

2 – Seu lado luminoso.

3 – Seu lado sombra.

4 – Como o anjo (Temperança) se expressa nas suas atitudes?

5 – Como o lado sombra (Diabo) se expressa nas suas atitudes?

6 – Conselho do anjo (Temperança) para a sua evolução.

7 – Conselho da sombra (Diabo) para iluminar e aceitar seu lado sombrio.

ESPIRITUALIDADE

Transcendência, mediunidade, seres superiores

44 – RECONSTRUINDO A FÉ

Esta tiragem serve para reconstruir a essência espiritual quando se perde a fé ou após algum problema de ordem religiosa.

1 – A causa do trauma religioso.

2 – Que impacto ele teve sobre suas emoções e pensamentos?

3 – Como curar as feridas emocionais do trauma religioso?

4 – Como se libertar dos dogmas religiosos que causaram o abalo?

5 – Como reconstruir sua fé?

6 – Como voltar a amar a si mesmo?

7 – Como seguir em frente?

#44

45 – QUATRO DIREÇÕES

Esta tiragem fornece aconselhamentos para nossos anseios espirituais, nossa busca do divino.

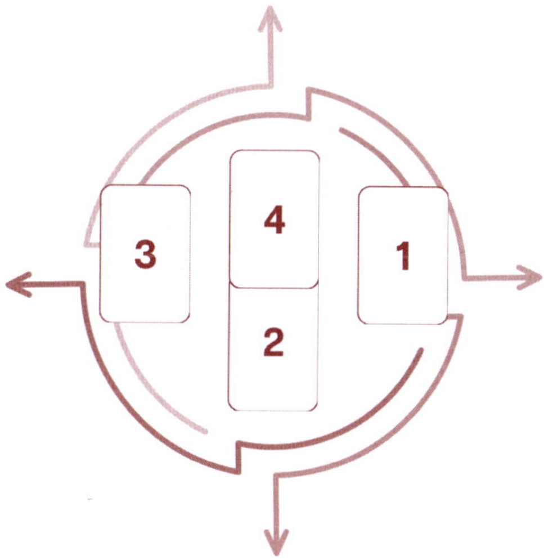

1 – Leste: como está se relacionando com o mundo espiritual?

2 – Sul: como está lidando com a sua fé?

3 – Oeste: o que a sua consciência deseja dizer?

4 – Norte: conselho dos Espíritos Anciões (a cura).

46 – VASSOURA DA BRUXA

Esta tiragem serve para avaliar a conversão à religião Wicca ou a um *coven*. Qual caminho tomar?

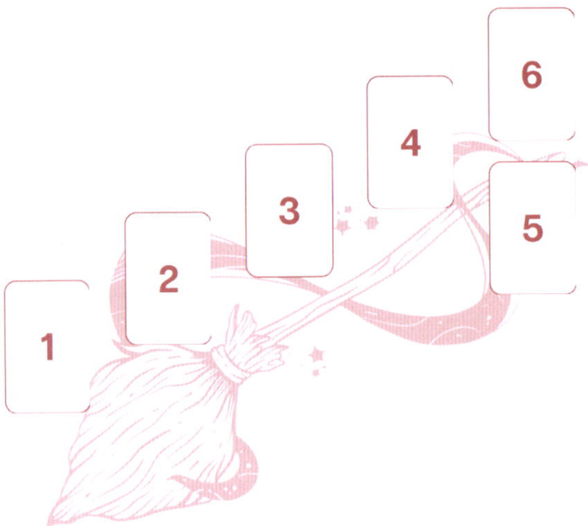

1 – Quais são os meus poderes de bruxa?

2 – Minha relação com a bruxaria agora.

3 – Como praticar a minha magia?

4 – Quais obstáculos tenho que enfrentar nesse caminho?

5 – Devo fazer a iniciação com um sacerdote?

6 – Mensagem da minha bruxa interior.

#46

47 – MENSAGEM DE JUREMA

Gosta de tomar banhos de ervas? Esta tiragem avalia a sintonia espiritual com o reino vegetal.

1 – Como está a minha conexão com Jurema (entidade das ervas)?

2 – Como está a minha força vital?

3 – Negatividade interna (bloqueios) que precisam ser curados com banhos de ervas.

4 – Negatividade externa (bloqueios) que precisam ser encaminhados com banhos de ervas.

5 – Que mensagem o espírito vegetal quer me dar?

48 – HABILIDADE MEDIÚNICA

Esta tiragem avalia as dúvidas sobre mediunidade, intuição, sensibilidade espiritual.

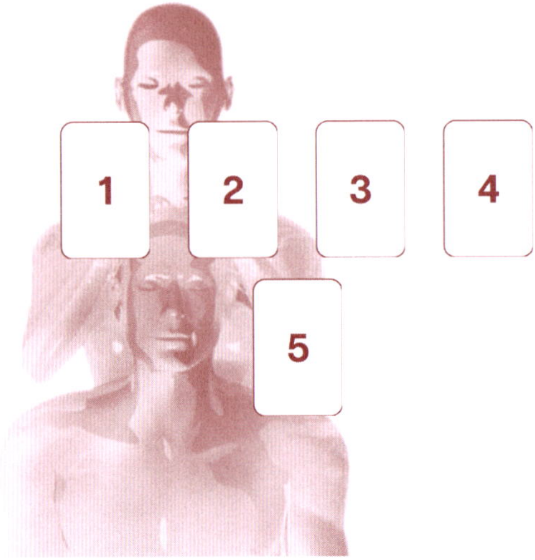

1 – Eu tenho mediunidade?

2 – Como posso melhorar a minha mediunidade?

3 – Como lidar com as influências ou obsessores negativos?

4 – Devo me iniciar em algum centro de confiança?

5 – Conselho do meu guia.

#48

49 – CONSELHO ASTRAL

Dúvidas espirituais? Esta tiragem ajuda a encontrar o melhor caminho!

1 – Estou no caminho certo?

2 – Quais são os impedimentos?

3 – O que me ajuda?

4 – O que deve ser feito? Qual ação tomar?

5 – Conselho dos mestres do plano astral.

50 – PENTAGRAMA

O que impede você de progredir? Quais obstáculos atrapalham o seu desenvolvimento? Saiba tudo com esta tiragem.

1 – O consulente diante da questão.

2 – Terra: existem forças em jogo que o impedem de avançar na vida material?

3 – Ar: existem pessoas que levam o consulente para baixo com mensagens negativas?

4 – Fogo: o consulente está inconscientemente sabotando seus próprios objetivos?

5 – Água: o que a intuição do consulente aconselha para lidar com a situação?

6 – Espírito: o resultado de todas as influências internas e externas.

51 – CONEXÃO ASTRAL

Esta tiragem ajuda a conhecer mais profundamente os seres de luz (anjo, mentor, entidade) que ajudam o consulente, conversando diretamente com eles.

1 – Que tipo de sinal há quando vocês estão presentes?
2 – Qual é o seu papel na minha vida?
3 – Em que aspecto da minha vida vocês agem com mais força?
4 – O que fez vocês estarem comigo?
5 – Do que precisam no momento?
6 – Deixem uma mensagem para mim.

52 – CHAMA VIOLETA

Se existe algum tipo de negatividade atuante, esta é a tiragem ideal para avaliar a energia pessoal e a do ambiente!

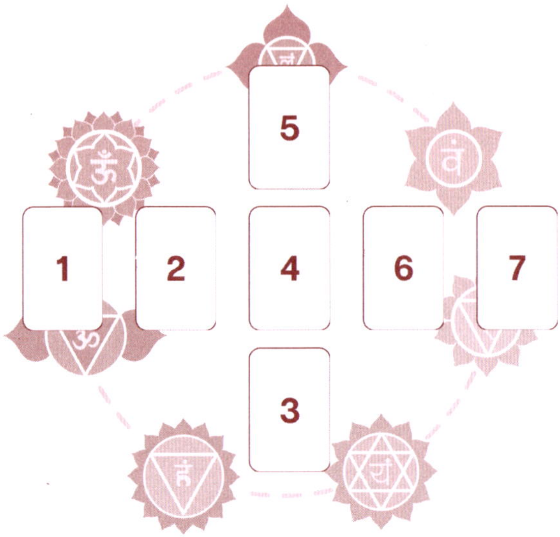

1 – Como está a minha aura?

2 – Como está o ambiente em que vivo?

3 – Como está o meu corpo físico?

4 – E o mental?

5 – E o emocional?

6 – O que trago dos outros?

7 – Que problema a chama violeta dissolverá?

53 – SINAIS ESPIRITUAIS

Esta tiragem trará o entendimento necessário, revelando informações espirituais.

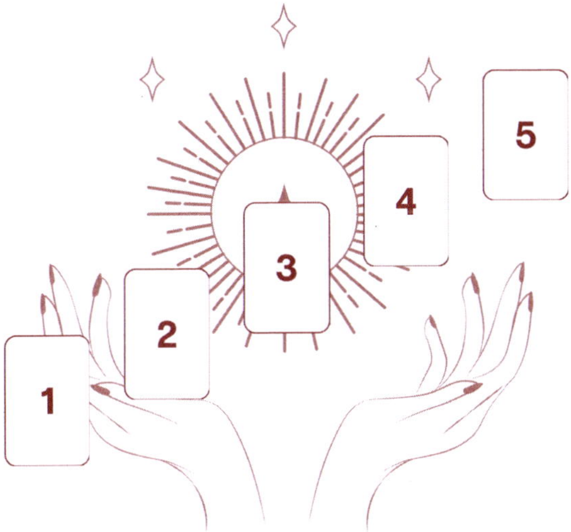

1 – Qual é a mensagem que os sinais trazem?

2 – Quem está a enviá-los?

3 – Como está minha espiritualidade?

4 – O que acontecerá no meu futuro próximo?

5 – Qual é o melhor modo de agir diante das situações mostradas?

54 – EU E MEU BARALHO

Esta tiragem é para quem considera o baralho como uma entidade, desejando uma relação espiritual. *Esta leitura serve apenas uma única vez para cada tipo de baralho, portanto respeite as cartas e medite sobre elas.*

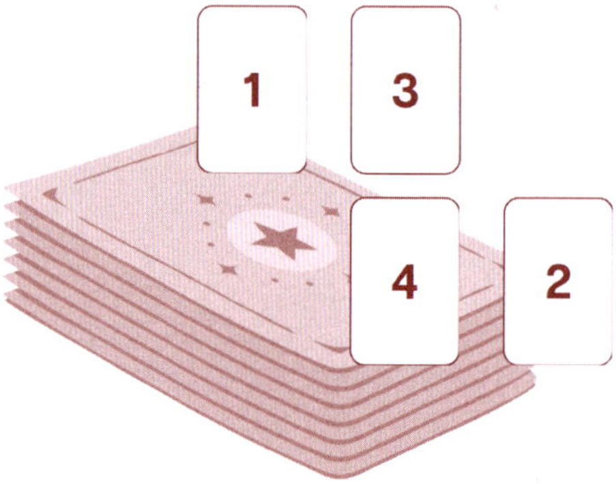

1 – Qual carta representa a nossa relação?

2 – O que fazer para estar em maior sintonia com o baralho?

3 – De que modo devo me dirigir ao baralho?

4 – Qual carta aparece como uma grande mestra para mim?

55 – EU E MEU DECK

Esta tiragem é ideal para quem estabelece uma relação de amigo com o baralho. *Esta tiragem serve apenas uma única vez para cada baralho, logo, respeite os arcanos e medite sobre eles.*

1 – Quem é você (o baralho)?

2 – Que tipo de linguagem melhor comunica as informações que você traz?

3 – A qual tipo de energia você está mais fortemente ligado?

4 – Como você descreve a nossa sintonia?

5 – O que tem a dizer para mim?

6 – Como será o nosso trabalho?

7 – Qual carta simboliza o que devo tomar como norte para minha vida?

56 – ENCONTRO COM O BARALHO

Tiragem para fortalecer os vínculos psicoespirituais com o baralho.

1 – Fale-me sobre você (baralho).

2 – Como as suas energias me afetarão ao longo do nosso trabalho?

3 – Como você descreve a nossa relação?

4 – Qual é o melhor modo de me conectar com você?

57 – ENTREVISTA COM O BARALHO

Esta tiragem possibilita ao cartomante conhecer a fundo a relação com o seu baralho.

1 – Com qual carta você (baralho) gostaria de ser representado?

2 – Para onde me leva?

3 – Mostre-me a área da vida em que poderemos agir com mais força nas consultas.

4 – O que pode dificultar o nosso trabalho?

5 – O que posso fazer para manter sua comunicação clara?

6 – O que você gostaria de me dizer neste momento?

58 – VERIFICAÇÃO DO BARALHO

Esta tiragem destina-se às pessoas que mantêm uma relação direta com seu baralho.

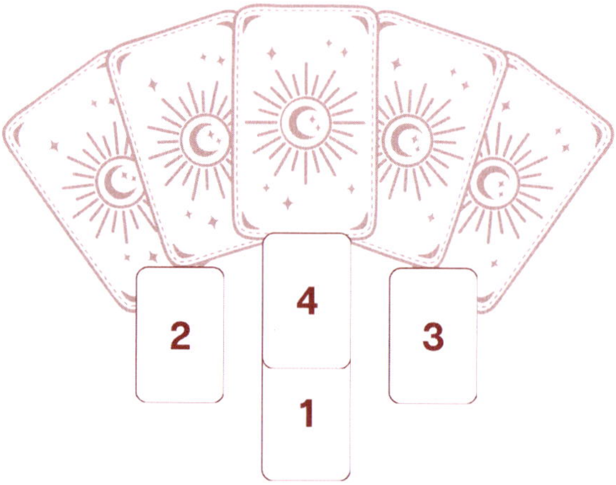

1 – Qual é a energia essencial do meu baralho?

2 – O que devo fazer com o meu baralho? (limpeza, consagração etc.)

3 – Como posso melhorar nossa sintonia?

4 – Meus mentores, guias e outros seres de luz trabalham bem com o meu baralho?

59 – DESCOBRINDO O BARALHO

Tiragem que proporciona uma conversa íntima com o baralho, revelando sua energia essencial.

1 – A que tipo de leituras você responde melhor?

2 – O que nos conecta espiritualmente?

3 – O que você me aconselha para ser um leitor de cartas?

4 – Como posso superar minhas dificuldades nas consultas?

5 – Como posso me sintonizar mais profundamente com a sua energia?

60 – MEU NOVO BARALHO

Tiragem que ajuda a estabelecer uma relação de intimidade com um novo baralho.

1 – Qual é a personalidade deste baralho?
2 – Sobre quais áreas ele fala melhor?
3 – Qual é a sua limitação de leitura?
4 – Qual característica minha torna a leitura das cartas mais fluida?
5 – Qual é a sua ligação com a minha vida?

61 – HABILIDADES ORACULARES

Esta tiragem faz uma profunda avaliação dos potenciais de leitura do cartomante.

1 – O que posso melhorar nas minhas leituras?

2 – A que posso me dedicar com mais afinco em relação ao oráculo?

3 – Qual é o potencial ou a habilidade latente no oráculo que posso despertar em mim?

4 – Uma carta que devo compreender mais profundamente.

5 – Uma carta que traz uma mensagem que deveria ouvir no momento.

62 – MAGIANDO

Tiragem que orienta na realização de um ritual mágico, indicando o melhor modo de ação.

1 – Qual é a minha força mágica neste ritual?

2 – O que pode fortalecer e ampliar minha força mágica?

3 – A qualidade do momento para realização dessa magia.

4 – A magia deverá ser feita uma ou repetidas vezes?

5 – Em qual elemento deve se estruturar essa magia?

6 – Que efeito ela terá na minha vida?

7 – Qual será o resultado dessa magia?

#62

63 – MENSAGENS DO DIVINO

Esta tiragem é indicada para explorar profundamente a espiritualidade.

1 – O que minha ancestralidade tem para me dizer?

2 – O que meus mentores/guias/orixás têm para me dizer?

3 – O carma acumulado está prestes a se manifestar?

4 – De que modo o meio ambiente afeta a minha vida?

5 – Como as situações que vivi interferem no meu livre-arbítrio?

6 – Qual é a frequência predominante no meu campo energético?

7 – Do que a minha alma necessita?

8 – O que me enfraquece?

9 – O que me fortalece?

64 – MENSAGENS DO PASSADO

Tiragem que estabelece uma comunicação com alguma vida passada (lição cármica), revelando os aspectos mais importantes que se relacionam com a vida presente.

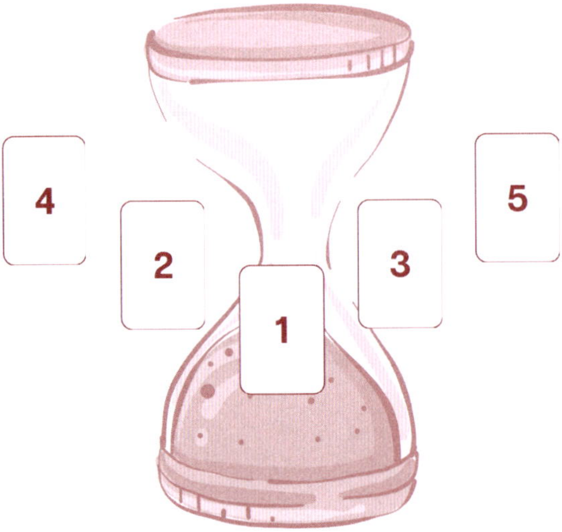

1 – Mensagem da minha vida passada.

2 – Como aspectos dessa vida passada se relacionam com o meu momento?

3 – O que veio daquela para esta vida?

4 – Como minha encarnação passada me aconselha para que eu tenha uma vida melhor?

5 – O que a encarnação passada tem a dizer sobre o meu futuro?

65 – DESCOBRINDO MINHA VIDA PASSADA

Tiragem que descreve com detalhes a última vida passada, revelando características da personalidade, vivências e como desencarnou.

1 – Quem fui?

2 – O que fazia?

3 – Como era o lugar onde vivi?

4 – Como era a sociedade?

5 – Qual era o meu status social?

6 – Qual foi o evento mais marcante e transformador daquela vida?

7 – Como morri?

8 – Qual foi o meu papel naquela encarnação?

9 – Como aquela encarnação afeta a minha vida atual?

10 – Como lidar com isso?

66 – EXPLORANDO A VIDA PASSADA

Tiragem que descreve uma vida passada de importância para a atual, revelando características da identidade de quem foi e como viveu os aspectos básicos daquela vida.

1 – Quem fui?
2 – Como vivi a vida material?
3 – Que atividade desempenhei?
4 – Como foi minha vida afetiva e sexual?
5 – Como foi minha vida social?
6 – Como foi minha relação com a espiritualidade?
7 – Qual foi o meu propósito maior?
8 – Consegui cumpri-lo?
9 – Como aquela vida terminou?
10 – O que trouxe de bom?
11 – Que desafios trouxe dela?
12 – Como superá-los?
13 – Uma mensagem da minha encarnação passada.

67 – HERANÇAS ANCESTRAIS

Esta tiragem revela a energia atávica, a relação cármica e a ancestralidade[2] que recebe dos pais.

1 – O que herda da sua linhagem de modo geral?
2 – O que herda de bom da ancestralidade da mãe?
3 – Que desafios ancestrais foram herdados da mãe?
4 – O que herda de bom da ancestralidade do pai?
5 – Que desafios ancestrais foram herdados do pai?
6 – Como essa herança ancestral ou cármica afeta a sua vida?
7 – Mensagens ancestrais da mãe.
8 – Mensagens ancestrais do pai.
9 – Conselho.

2. Variação: esta tiragem pode ser usada por filhos (naturais ou adotivos) de casais homoafetivos, fazendo as devidas alterações do seguinte modo: C2, C3 e C7 correspondem à primeira mãe ou ao primeiro pai, e C4, C5 e C8 referem-se à segunda mãe ou ao segundo pai (tudo de acordo com a certidão de nascimento ou de adoção).

#67

68 – DESPERTANDO A DEUSA INTERIOR

Esta tiragem ajuda a despertar as energias do Sagrado Feminino (independentemente do gênero).

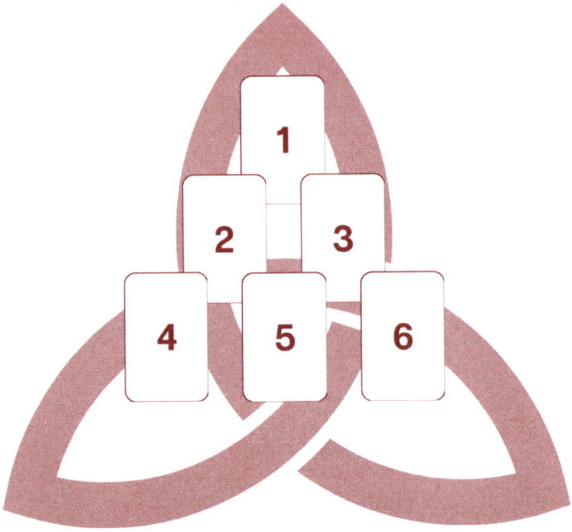

1 – Como ou quem é minha Deusa Interior?

2 – De onde ela vem?

3 – Como posso despertá-la?

4 – Como posso me conectar a ela?

5 – Que bênçãos ela me concede?

6 – Com que tipo de magia devo trabalhar com a minha Deusa?

69 – CAMINHO DA ESPIRITUALIDADE

Tiragem que revela a caminhada espiritual, indicando as atitudes para seguir em comunhão com a espiritualidade. *Coloque uma carta para representar o consulente e faça a leitura obedecendo à sequência, como se fosse uma caminhada espiritual.*

1 – Eu Sou: como é com a própria espiritualidade.

2 – Eu Colaboro: como lida com suas parcerias espirituais.

3 – Eu Expresso: a conexão com o mundo espiritual.

4 – Eu Realizo: ações necessárias para o percurso da espiritualidade.

5 – Eu Evoluo: como a espiritualidade transforma sua vida pessoal.

6 – Eu Harmonizo: como está conciliando a espiritualidade no cotidiano.

7 – Eu Reflito: o papel do consulente no caminho espiritual.

8 – Representação do consulente.

70 – TRANCA RUAS

Esta tiragem é inspirada na entidade Exu Tranca Ruas, revelando o que necessita para enfrentar e se proteger dos desafios!

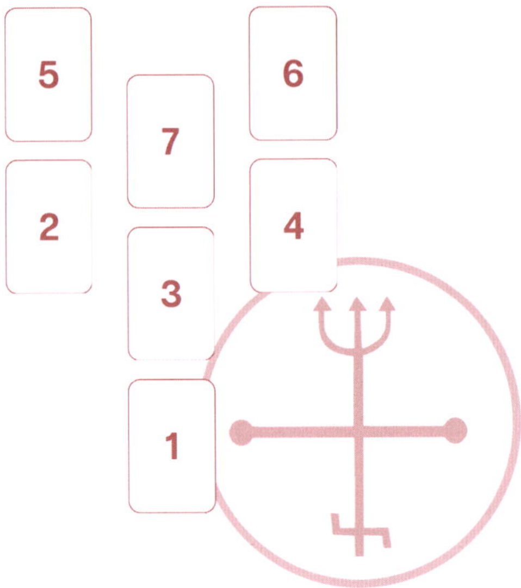

1 – Como estão os meus caminhos?

2 – O que não consigo ver?

3 – O tridente: o que tenho para enfrentar os desafios?

4 – A capa: como está a minha proteção?

5 – A cartola: o que Tranca Ruas está fazendo por mim?

6 – O charuto e o marafo[3]: Tranca Ruas quer algo de mim?

7 – Recado do Exu Tranca Ruas.

#70

3. Aguardente: cachaça, pinga, bagaceira.

71 – ZÉ PILINTRA

Tiragem inspirada no guia espiritual Zé Pilintra, apontando a vida a partir da orientação dessa entidade.

1 – Como enfrento as adversidades?

2 – Como uso as minhas armas?

3 – Como está minha capacidade de persuasão?

4 – E o meu coração?

5 – E a minha fé?

6 – E a minha sorte?

7 – E o meu amor?

8 – Um recado do Seu Zé.

72 – IEMANJÁ

Tiragem inspirada no orixá Iemanjá, explorando o movimento da vida, orientando os caminhos!

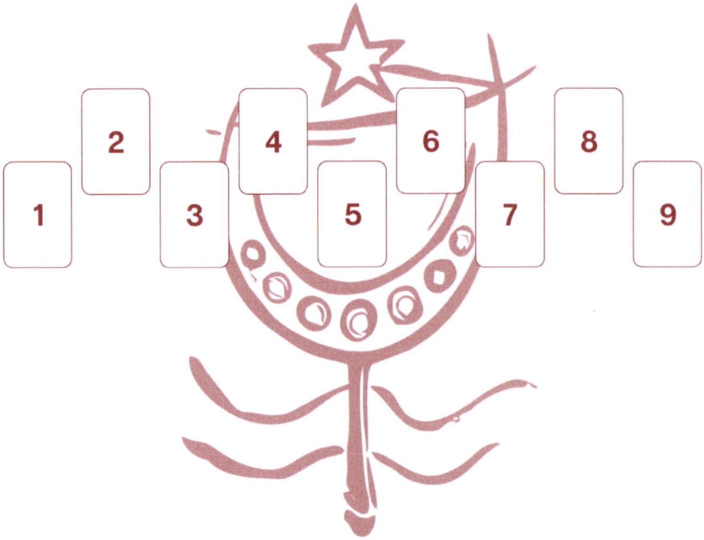

1 – O que as ondas do mar levam?

2 – O que as ondas do mar trazem?

3 – O que estou gerando na minha vida?

4 – Ori: como vivo com o meu destino?

5 – Ori: como está a minha cabeça?

6 – O que acolho? O que assimilo para minha vida?

7 – Como está a minha vida afetiva?

8 – Prosperidade: como está a minha pesca?

9 – Uma mensagem de Iemanjá.

73 – EXU

Tiragem inspirada no Orixá Exu, senhor da comunicação, aquele que abre os caminhos e que está no começo de tudo. Exu irá mostrar a verdade atual da vida!

1 – Como estão os meus caminhos de vida?

2 – O que me espera neles?

3 – Como ajo no momento?

4 – Como vejo o mundo?

5 – Como me expresso e me comunico?

6 – Como começo as coisas?

7 – Como minha vida se organiza e se configura (agora)?

8 – Como está minha energia vital?

9 – Como vivo o prazer?

10 – Como vivo a minha sexualidade?

11 – Uma mensagem de Exu.

74 – COMUNICAÇÃO ESPIRITUAL

Esta tiragem é indicada para quando percebemos a presença de entidades e espíritos, servindo como um canal de comunicação.

1 – Qual é a energia do ambiente?

2 – Quem está aí?

3 – Como você (entidade) está?

4 – O que quer dizer a mim?

5 – O que podemos fazer por você (entidade)?

6 – Qual é a orientação dos mentores (mestres de luz) nesta situação?

75 – ALÉM DA IMAGINAÇÃO

Esta tiragem serve para estabelecer uma conversa com uma pessoa que partiu, de modo que possamos saber como está e do que precisa espiritualmente.

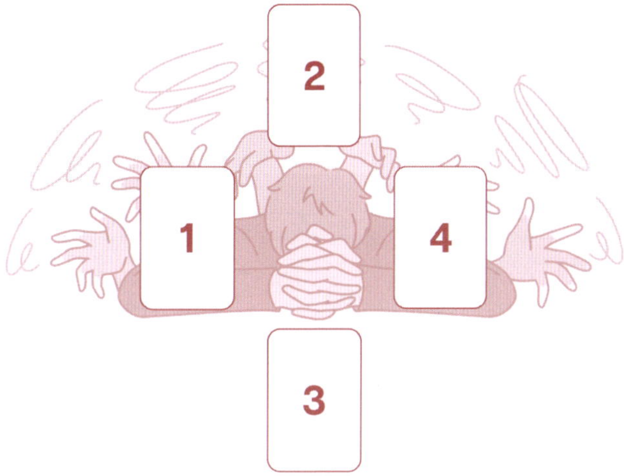

1 – Como você, (nome), está?

2 – Precisa de algo?

3 – Onde está?

4 – O que gostaria de me dizer?

76 – ENTES QUERIDOS

Esta tiragem ajuda a encontrar o sentido na perda (morte) de uma pessoa importante ou querida.

1 – Qual foi o propósito dessa pessoa (nome) na minha vida?

2 – O que essa pessoa deixa para mim?

3 – Qual é o melhor modo de usar isso?

4 – Qual é o sentido maior de sua morte?

5 – Como (nome) me vê no plano espiritual?

6 – O que (nome) quer me dizer agora?

7 – O que (nome) gostaria que eu fizesse por ele(a)?

77 – LIDANDO COM A MORTE

Esta tiragem auxilia a encontrar um sentido maior na vida diante de um luto profundo.

1 – Como essa perda impacta você?

2 – Como fica a vida familiar com a passagem de (parentesco)?

3 – Como fica a vida material com essa perda?

4 – Como você ficará em longo prazo com essa perda?

5 – A que deve ter mais atenção de agora em diante?

6 – O que o espírito de (parentesco) tem para lhe dizer.

78 – VIVENDO O LUTO

Esta tiragem auxilia a entender como o luto é observado, sentido e pensado, encontrando o equilíbrio.

1 – Como vivo esse luto?

2 – Em que fase do luto estou?

3 – Comportamentos que preciso tentar evitar.

4 – O que me ajudará a superar essa perda?

5 – Como será a minha vida de agora em diante?

NEGATIVIDADE

Magia, feitiços,
combate astral

79 – SOLUÇÕES MÁGICAS

Esta tiragem esclarece como agir de modo assertivo e eficaz com qualquer magia ou ritual.

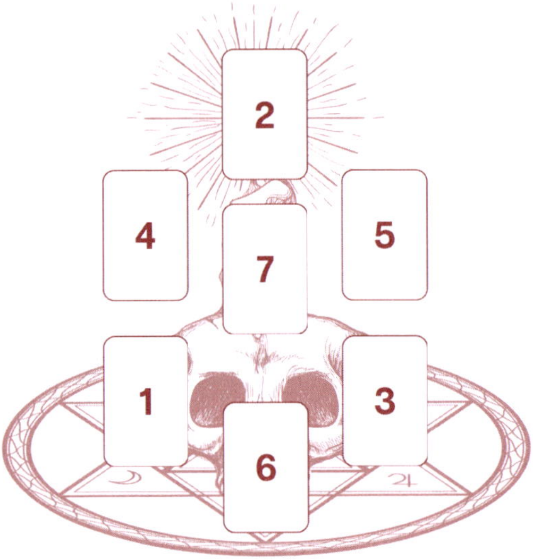

1 – O problema (a força pessoal e estado atual).

2 – Como isso me afeta?

3 – Que tipo de sintonia tenho com esse problema?

4 – Que tipo de magia usar?

5 – Por tempo longo ou curto? (defina temporalidades)

6 – Qual o efeito da magia sobre mim?

7 – Resultado.

#79

80 – SÃO JORGE

Esta tiragem é uma mensagem de São Jorge (o santo católico), orientando a sua força astral contra as energias negativas.

1 – Como está minha proteção contra o mal?

2 – Como estão as minhas forças para lutar contra as adversidades?

3 – De que armas eu disponho para enfrentá-las?

4 – Qual é o impacto de São Jorge no mal que me aflige?

5 – Como estão os meus caminhos de vida?

6 – Uma mensagem de São Jorge.

81 – O ASTRAL AMBIENTAL

Esta tiragem analisa que tipo de energia ronda os ambientes (casa, trabalho, festas etc.).

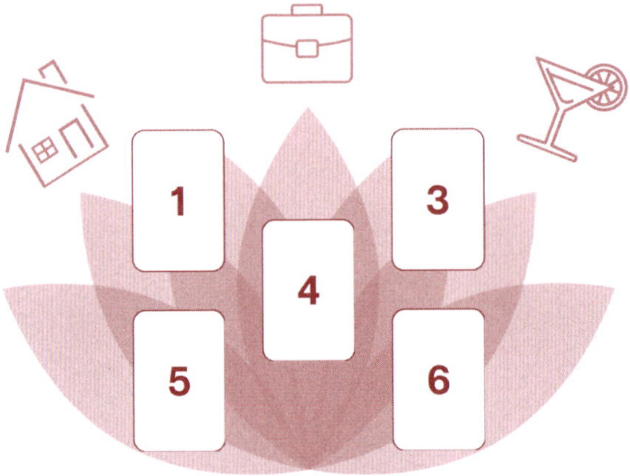

1 a 4 – A energia que circunda o ambiente.

5 – A energia que cobre e afeta o ambiente.

82 – ENERGIA INTRUSA

Sente ou sonha com coisas negativas? Esta tiragem revela o plano psicoespiritual.

1 – Que interferências ou energias intrusas estão atuando na situação?

2 – Que outra energia ou influência de energia intrusa está atrapalhando?

3 – A realidade do fato.

4 – Tenho controle para resolvê-las?

5 – Conselho do Eu Superior (anjo da guarda).

83 – NÓ ENERGÉTICO

Esta tiragem aconselha como agir diante de energias negativas (miasma, forma-pensamento).

1 – O nó que me bloqueia.

2 – Consequência do bloqueio.

3 – Como desatar esse nó?

84 – TENHO NEGATIVIDADE?

Esta tiragem esclarece quem cria a energia negativa e os miasmas: o consulente ou outra pessoa?

1 – Por que não acredito no meu potencial?

2 – Como essa negatividade interna me paralisa?

3 – Existe negatividade externa? Magia, mau-olhado?

4 – Como superar a minha forma-pensamento?

5 – O que fazer com as energias externas?

6 – Conselho do meu protetor ou guia espiritual.

85 – CARA A CARA COM O OBSESSOR

Se o consulente tem certeza de que há um ser desencarnado o acompanhando ou se comumente sonha com pessoas que já faleceram, esta tiragem poderá ajudar a esclarecer esse elo energético.

1 – O obsessor.
2 – O que ele quer?
3 – O que nos mantém atados?
4 – Como ele me prejudica ou ajuda?
5 – Tenho força astral e espiritual para lidar com ele?

Capítulo 2

VIDA MATERIAL

Nível de autossuficiência — a este assunto foram agregadas tiragens mais práticas, destinadas a entender os obstáculos de ordem material, desde as dificuldades profissionais aos riscos financeiros, dívidas acumuladas ou orçamento desequilibrado. Lógico que também há tiragens que avaliam os possíveis lucros de um investimento, abertura de negócios aos empresários ou contratos de trabalho para os desempregados. Cada tiragem é específica para um problema ou dúvida.

Grupo 5: Sorte — 18 tiragens

Grupo 6: Trabalho — 20 tiragens

Grupo 7: Dinheiro — 5 tiragens

SORTE

Destino, tendência, livre-arbítrio

86 – FELIZ ANIVERSÁRIO!

Esta tiragem ajuda a encontrar soluções e prosperidade no ciclo solar, devendo ser avaliada na semana antes do aniversário (anote para sempre observar os resultados).

1 – Influências do passado que estão terminando na sua vida.

2 – Vitórias do ano (de aniversário) que passou.

3 – Questões do ano anterior que serão continuadas.

4 – O momento presente.

5 – Novas influências que entrarão em sua vida.

6 – Desafios a enfrentar nos próximos doze meses.

7 – Metas que você pode alcançar nos próximos doze meses.

8 – Tema geral dos próximos doze meses.

9 – Seu presente de aniversário (uma benção que você receberá no decorrer do ano).

87 – CICLO SOLAR

Esta tiragem avalia os pontos fortes e fracos, tomando consciência dos limites. Deve ser avaliada no dia do aniversário (anote para sempre observar os resultados). Feliz tudo!

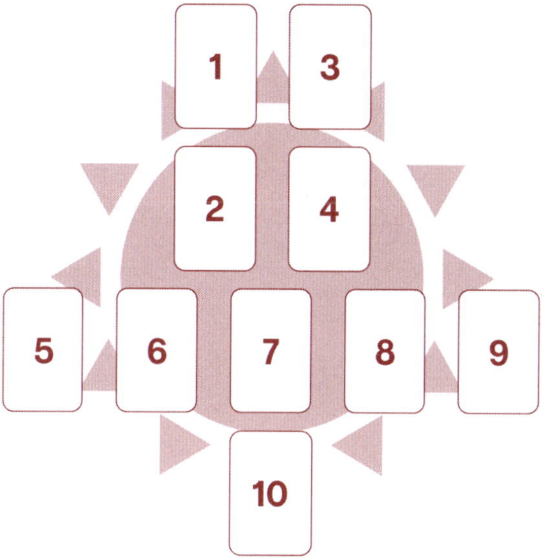

1 – Como estou?

2 – Como desejo estar no próximo aniversário?

3 – O que me fortalece?

4 – O que me enfraquece?

5 – O que posso fazer para atingir meus objetivos?

6 – Como será a vida material até o próximo ciclo solar?

7 – Como será a vida emocional até o próximo ciclo solar?

8 – Como será a vida espiritual até o próximo ciclo solar?

9 – Quais serão os obstáculos para alcançar minhas conquistas?

10 – O que fazer para realizar meus objetivos neste ciclo solar?

88 – NOVO DEGRAU

O aniversário é sempre um recomeço, e esta tiragem revela o desenvolvimento do ano. Avalie na semana antes ou depois do aniversário (anote para sempre observar os resultados).

1 – O que ganhei desde o último aniversário?
2 – O que perdi desde o último aniversário?
3 – Como estou neste dia?
4 – Qual carta descreve o ano que se inicia?
5 – O que me acontecerá de bom nesse período?
6 – Quais serão os meus desafios?
7 – Estou preparado para enfrentá-los?
8 – O que pode me ajudar a atingir minhas metas e objetivos?
9 – Como posso ser o melhor de mim?

89 – PARABÉNS PRA VOCÊ!

Como será o novo ciclo solar? Parabéns, você acabou de achar a fonte das respostas! Entre na festa! Melhor avaliar a tiragem na semana ou no dia do aniversário (anote para sempre observar os resultados).

1 – A Festa: como será a vida social durante o novo ciclo?

2 – A Música: como será o ritmo e a qualidade de vida até o próximo aniversário?

3 – Comidas & Bebidas: o que me fortalecerá nesses meses?

4 – Surpresas: o que pode ocorrer que não estou percebendo?

5 – Presentes: o que ganho nesse novo ciclo solar?

6 – O Tema da Festa: que carta representa esse novo ano pessoal?

7 – O Penetra: que situações indesejadas e dificuldades enfrentarei?

8 – O Primeiro Pedaço: o que será mais importante para mim nos próximos meses?

9 – Feliz Aniversário: o que me fará feliz e me ajudará a atingir meus objetivos?

90 – MELHOR ANIVERSÁRIO

Esta tiragem apresenta o panorama entre um aniversário e outro. Melhor avaliar a tiragem no mês do aniversário (anote para sempre observar os resultados).

1 – A minha vida no momento.
2 – Como será o novo ciclo que se inicia?
3 – O que posso esperar do trabalho?
4 – O que posso esperar dos estudos?
5 – E do dinheiro?
6 – Como será minha vida amorosa?
7 – O que posso esperar da minha família?
8 – Como estarei de saúde?
9 – Como estará a minha espiritualidade?
10 – O que poderá me atrapalhar?
11 – O que me ajudará?

91 – ASSOPRANDO A VELINHA

Parabéns! É o seu aniversário! Esta é mais uma das tiragens de aniversário que auxilia a aproveitar ao máximo a vida.

1 – Como estou neste momento?

2 – Qual é a melhor forma de estar durante este ano?

3 – A que devo prestar atenção?

4 – O que devo evitar?

92 – ANO NOVO PESSOAL

O ano novo social é à meia-noite de 31 de dezembro, mas o ano novo pessoal é o aniversário. Esta tiragem ajuda a ter uma visão clara e objetiva desse momento tão importante.

1 – A carta que representa o meu ano.

2 – Como estou no momento?

3 – Como vejo as coisas?

4 – Como elas são de fato?

5 – Esta carta mostra o que eu preciso saber.

6 – O que o destino trará nos próximos doze meses?

93 – ANO NOVO, VIDA NOVA

Esta tiragem deve ser feita no final de dezembro ou início de janeiro, para dar continuidade ou soluções a questões não resolvidas.

1 – O que aconteceu de marcante no último ano?

2 – Qual foi o aprendizado?

3 – O que ainda não conseguiu resolver?

4 – Conhecimento atual da situação.

5 – O que pode fazer para melhorar?

6 – Ação a ser tomada no primeiro semestre.

94 – LUTA E ARTE

Esta tiragem ajuda a conhecer os limites, auxiliando nas escolhas. Pense em uma situação e avalie os arcanos nas respectivas casas.

1 – Isso você pode mudar.

2 – Isso você pode mudar com muito esforço.

3 – Isso você poderia mudar, mas não tem condições, agora.

4 – Disso você só consegue mudar uma parte, nesta situação.

5 – Isso é impossível mudar, pois a situação está totalmente fora do seu controle.

95 – TREVO DE QUATRO FOLHAS

Esta tiragem ajudará a saber como a sorte está atuando na vida do consulente (no momento da leitura), como agir e como potencializá-la.

1 – No que eu tenho sorte?

2 – Qual é a energia do meu momento?

3 – O que me leva a perder as minhas oportunidades?

4 – Como posso superar isso e potencializar minha sorte?

5 – Como está minha espiritualidade?

6 – O futuro.

96 – LEI DA ATRAÇÃO

Está atraindo situações positivas ou negativas? Descubra com esta tiragem, que indica como corrigir as energias destoantes ou melhorar os ritmos da vida.

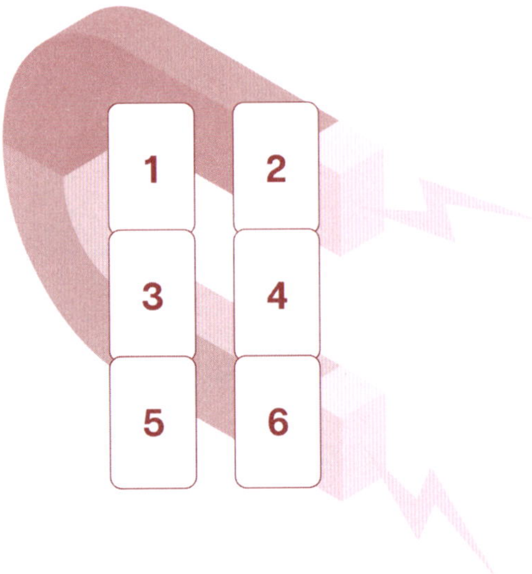

1 – Como está a minha espiritualidade?

2 – Esta carta representa a minha vida atual.

3 – Qual é a minha frequência predominante no momento?

4 – Qual é a frequência mais adequada para mim neste momento?

5 – O que impede que eu me alinhe com as frequências necessárias?

6 – O que ajuda a me alinhar às frequências necessárias?

7 – Qual é a minha força de realização neste momento?

8 – Uma mensagem do Universo.

97 – PERSÉFONE

As divindades são mediadoras entre o livre-arbítrio e o destino, por isso, esta tiragem foi inspirada na Deusa Perséfone para conhecer a relação entre o momento atual e o destino.

1 – O que não posso mudar?
2 – Como devo lidar com o que não posso mudar?
3 – Como posso tirar vantagem das dificuldades?
4 – Do que devo desistir para ganhar algo novo?
5 – O que me dá mais poder no momento?
6 – Qual é a minha mais valiosa qualidade?
7 – Como lidar com o que vivo agora?
8 – Uma mensagem de Perséfone.

98 – O PEQUENO JOGO DO MÊS

Esta tiragem revela como será o mês em curso — de modo geral e semana a semana. Observação: use a sexta casa somente se no mês houver cinco semanas.

1 – O mês (geral).

2 – Como será a primeira semana?

3 – Como será a segunda semana?

4 – Como será a terceira semana?

5 – Como será a quarta semana?

6 – Como será a quinta semana (se houver)?

99 – O GRANDE JOGO DO MÊS

Esta tiragem traz um panorama do que o consulente viveu nos últimos meses, acrescido de uma previsão e aconselhamento para os próximos trinta dias.

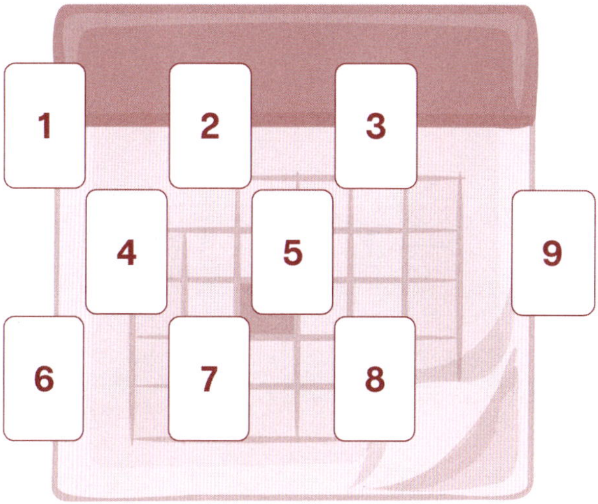

1 – Panorama geral dos meses anteriores.

2 – O mês de forma geral.

3 – Qual é o tema mais importante deste mês?

4 – Como será a primeira quinzena?

5 – Como será a segunda quinzena?

6 – O que haverá de positivo?

7 – Que dificuldades enfrentarei?

8 – O que pode me ajudar?

9 – Conselho.

100 – O CAMINHO DE OZ

Esta tiragem traz um cenário detalhado do mês, revelando informações sobre diversas áreas, localizando as oportunidades e os obstáculos.

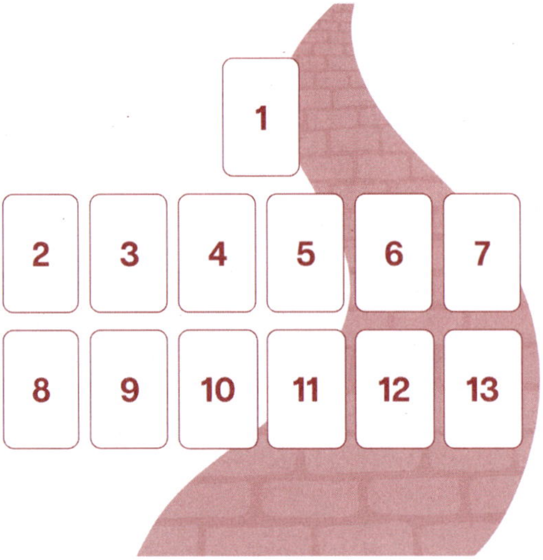

1 – O mês.
2 – O panorama geral da primeira quinzena.
3 – Como será minha vida amorosa?
4 – Como será o meu trabalho?
5 – Como será a minha vida financeira?
6 – O que posso esperar da minha saúde?
7 – O que posso esperar da minha espiritualidade?
8 – O panorama geral da segunda quinzena.
9 – Como será minha vida amorosa?
10 – Como será o meu trabalho?
11 – Como será a minha vida financeira?
12 – O que posso esperar da minha saúde?
13 – O que posso esperar da minha espiritualidade?

101 – SELENE

Na mitologia grega, Selene era responsável por trazer a luz da lua à noite. Esta tiragem apresenta uma visão geral do mês a partir do simbolismo dos ciclos lunares.

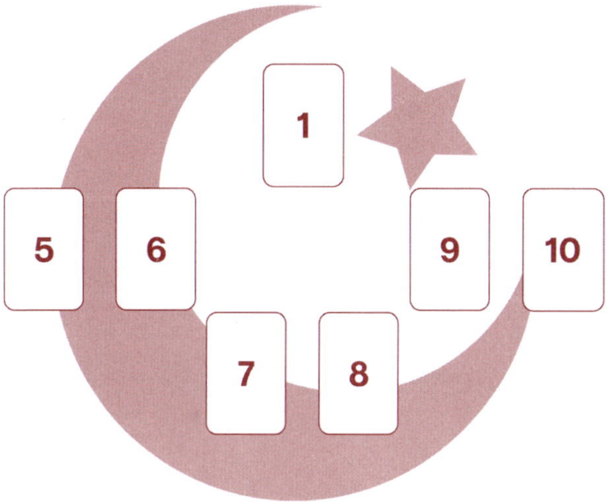

Lua Minguante

1 – O que está perdendo força, diminuindo neste mês?
2 – Do que devo me livrar?

Lua Nova

1 – O que está nascendo, o que vem de novo neste mês?

Lua Crescente

1 – O que está crescendo na minha vida?
2 – No que eu devo investir?

Lua Cheia

1 – O que se concretizará neste mês? O que ganha forma e acontece?
2 – Visão geral do mês.

102 – A SEMANA

Como será a semana? Esta tiragem deve ser aberta sempre aos domingos.

1 – Tendência geral da semana.
2 – O que devo evitar?
3 – No que me jogar?
4 – Como será a minha segunda?
5 – Como será a minha terça?
6 – Como será a minha quarta?
7 – Como será a minha quinta?
8 – Como será a minha sexta?
9 – Como será o meu sábado?
10 – Como será o meu domingo?

103 – #SEXTOU

Está chegando o fim de semana! Esta tiragem serve para ajudar a ter um fim de semana harmônico e divertido.

1 – O que posso esperar deste fim de semana?

2 – Sextou: o começo. O que me aguarda na sexta-feira?

3 – Sabadou: quais são as perspectivas para o sábado?

4 – Domingou: o que este domingo me oferece?

5 – O que posso esperar no amor?

6 – O que posso esperar da diversão?

7 – O aviso (prestar atenção: felicidade ou perigo?).

8 – Conselho.

TRABALHO

Carreira, profissão, sucesso

104 – ABRINDO A CARTEIRA

Trabalha há muito tempo com o mesmo salário ou o valor de serviço? Será que é o momento certo de pedir ou realizar um aumento? Esta tiragem o ajudará a decidir.

1 – É o momento certo para pedir aumento salarial (ou mudar o valor da consulta)?

2 – Seu superior (ou cliente) aceitará o aumento?

3 – O que deve fazer para conseguir esse intento?

105 – MARKETING MIX

Tem negócios on-line? Vende cursos, consultas? Está com dificuldades de engajamento? Quer ter mais clientes? Esta tiragem é muito especial, saiba como melhorar!

1 – Como os meus seguidores me veem?

2 – O que os meus seguidores acham das minhas postagens?

3 – Por que o meu perfil ou site virtual não vende?

4 – No que preciso melhorar para atrair mais clientes?

5 – Como gerar mais tráfego para minha loja virtual ou perfil profissional?

106 – ROTA DO OURO

O percurso profissional é muito importante; esta tiragem serve para avaliar o progresso da carreira e a qualidade do trabalho.

1 – O meu caminho profissional.

2 – A direção que minha carreira está tomando.

3 – Como me sinto no que faço?

4 – Para onde minha vida profissional me leva?

5 – Como está a qualidade do meu trabalho?

6 – Como o passado me afeta?

7 – O que não pode ser mudado?

8 – Conselho para o sucesso.

107 – PANORAMA COMERCIAL

Esta tiragem traz um panorama de vendas (produto, serviço), avaliando os pontos vitais desde a relação emocional envolvida na oferta até a recepção dos consumidores e as suas perspectivas.

1 – O meu produto.
2 – Como me relaciono emocionalmente com ele?
3 – Como lido comercialmente com o meu produto?
4 – Como ele está posicionado no mercado?
5 – Como está a recepção do público?
6 – Como está a parte financeira?
7 – O que posso esperar do futuro do meu produto?
8 – Conselho.

108 – A SEMENTE FINANCEIRA

Esta tiragem orienta o início de qualquer negócio, revelando seu desenvolvimento e resultado.

1 – Há condições para essa semente crescer?

2 – Do que ela precisa?

3 – Conseguirei cuidar dela até que esteja madura?

4 – Que frutos essa semente me dará?

5 – Conselho.

109 – BALANCETE

Esta tiragem ajuda no preparo do orçamento ou de qualquer tipo de investimento.

1 – Ativo em curto prazo (que entra).

2 – Ativo em um longo prazo (um ano).

3 – Passivo em curto prazo (o que te onera, prejudica).

4 – Passivo em um longo prazo (um ano).

5 – Os recursos que tem no momento.

6 – Os lucros (o resultado de tudo, o que irá ganhar).

110 – QUATRO PS

Esta tiragem foi desenvolvida para avaliar os 4 Ps do marketing (preço, praça, produto e promoção), avaliando a dinâmica e as possibilidades de sucesso dos objetivos de marketing.

1 – Produto.
2 – Promoção.
3 – Praça.
4 – Preço.
5 – Ambiente externo.
6 – Ambiente interno.
7 – Futuro.
8 – Conselho.

#110

111 – VAGA ABERTA!

A entrevista de emprego é decisiva na contratação; esta tiragem revela a dinâmica do encontro, permitindo avaliar os prós e contras para ter sucesso.

1 – Visão geral da entrevista (o momento, a energia).

2 – Como é você na vaga que solicita?

3 – Seu ponto forte.

4 – Seu ponto fraco.

5 – Como é a pessoa que fará a entrevista?

6 – O ponto forte do entrevistador.

7 – O ponto fraco do entrevistador.

8 – Conselho.

9 – Resultado.

#111

112 – PROJETO

Esta tiragem avalia as condições de sucesso de um projeto, trazendo importantes orientações e perspectivas sobre o melhor modo de conduzir sua realização.

1 – O potencial de realização do projeto.

2 – Como o projeto está no momento?

3 – Influências externas.

4 – Influências internas.

5 – Obstáculos.

6 – Força.

7 – Como você está atuando neste projeto.

8 – Como as parcerias, se houver, estão atuando.

9 – Resultado.

113 – ROTEIRO

É escritor? Esta tiragem se baseia na estrutura de uma narrativa para que as cartas, em sua riqueza simbólica, possam ajudar a construir e contar uma história.

1 – Espaço.

2 – Tempo.

3 – Apresentação.

4 – Enredo.

5 – Conflito.

6 – Desfecho.

7 – Protagonista.

8 – Coadjuvante.

9 – Antagonista.

#113

114 – CRIATIVIDADE BLOQUEADA

Esta tiragem identifica os bloqueios de inventividade ou de busca por soluções. Pense na situação para a qual não encontra solução e abra esta leitura!

1 – O que fortalece esse bloqueio?

2 – Como está o meu emocional?

3 – Como me relaciono com o que tenho que criar?

4 – O que pode me ajudar a eliminar esse bloqueio?

5 – Resultado (estipular o tempo).

115 – MUSAS GREGAS

É artista, compositor, poeta? Esta tiragem permite que o artista compreenda a sua relação com a arte e o impacto que causa à sua volta.

1 – Como me relaciono com a minha arte neste momento?

2 – O que motiva a minha criatividade neste momento?

3 – Como os fatores externos influenciam a minha criatividade?

4 – Como os fatores internos influenciam a minha arte (profissão)?

5 – Como a minha arte impacta o mundo à minha volta?

6 – Qual é o meu futuro como artista?

116 – CRIANDO UMA PERSONAGEM

É escritor de ficção? Novelista? Contista? Esta tiragem ajuda a criar personagens com profundidade e complexidade.

1 – Sua personalidade.

2 – Sua qualidade mais importante.

3 – Seu defeito mais importante.

4 – Como seus defeitos impactam a sua vida.

5 – Como a personagem impacta o meio em que vive.

6 – O seu propósito.

7 – O seu desafio (ou desafios).

8 – O que tem de melhor para enfrentar o desafio.

#116

117 – ROMANCE

É romancista? Deseja criar uma obra literária, mas está sem criatividade? Esta tiragem auxilia na construção da trama principal e seus personagens.

1 – Quem é o protagonista?

2 – Qual é o seu objetivo?

3 – Por que essa história está sendo contada?

4 – Qual obstáculo é enfrentado pelo protagonista?

5 – Como o enredo se desenvolverá?

6 – Onde acontece a história?

7 – Quando?

8 – Que tipo de amor será vivido na história?

9 – Como os amantes se encontrarão?

10 – Qual é o final da história?

118 – ORACULISTA PROFISSIONAL

É tarólogo ou cartomante?
O que necessita melhorar?
Quais aconselhamentos?

1 – (Nome) como tarólogo profissional.

2 – Suas qualidades.

3 – Seus defeitos.

4 – Conselho das cartas para o próximo passo.

#118

119 – METEORO

É empregado ou autônomo? Tem negócio próprio, é empresário? Esta tiragem esclarece qualquer atividade profissional, orientando e revelando etapas futuras.

1 – Momento atual do seu trabalho.

2 – Quais são as dificuldades?

3 – Energia do ambiente de trabalho.

4 – O que deve melhorar profissionalmente?

5 – O que ajuda você?

6 – Sua próxima etapa no trabalho.

7 – Futuro profissional.

120 – TEMPLO DE HEFESTO

É um empregado contratado e chefiado por um superior (gerente, chefe, coordenador etc.)? Esta tiragem revela um panorama do trabalho e suas possibilidades de sucesso.

1 – Como está o campo profissional do consulente?
2 – Como os colegas de trabalho e os subordinados o veem?
3 – Como o chefe direto o vê?
4 – Como estava a situação do consulente no trabalho?
5 – Como está a situação dele no trabalho?
6 – Como vai ficar a situação dele no trabalho?
7 – Como o consulente está se sentindo frente ao seu trabalho?
8 – O ponto positivo do consulente como profissional.
9 – Qual é a característica que o deixa em desvantagem profissional?
10 – Conselho do tarô para o consulente nessa área.

#120

121 – BALÃO DE GÁS

Esta é uma tiragem para autônomos em geral que desejam entender os prós e contras de um momento de expansão para obter prosperidade.

1 – É aconselhável expandir os meus negócios neste momento?

2 – Quais fatores são positivos para a expansão?

3 – Quais são os obstáculos para a expansão?

4 – Devo seguir em frente?

#121

122 – ENCRUZILHADA PROFISSIONAL

Está insatisfeito com o trabalho e deseja sair? Seria a hora de tomar essa decisão? Esta tiragem visa orientar os próximos passos profissionais.

1 – Situação atual no trabalho.
2 – Surgirá nova proposta de emprego?
3 – O que devo fazer para abrir novas frentes?
4 – Quais são os desafios para sair desse trabalho?
5 – Resultado de curto prazo (três meses).

123 – ESTAGNAÇÃO PROFISSIONAL

Está desempregado e não vê perspectivas? Esta tiragem ajuda a entender a razão das dificuldades, obtendo conselhos.

1 – Por que não consigo um trabalho?
2 – Quais são as minhas limitações?
3 – Quais são as minhas habilidades?
4 – Estou pronto para procurar um emprego?
5 – Qual é o primeiro passo a ser dado?
6 – Resultado nos próximos seis meses.

#123

DINHEIRO

Finanças, orçamento, dívida

124 – ESPINHOS FINANCEIROS

Esta tiragem auxilia a encontrar uma saída para as dívidas, apontando sua causa e soluções.

1 – Qual é a causa do problema financeiro?

2 – Os obstáculos financeiros.

3 – Quais recursos ajudam a superar essa situação?

4 – Haverá sorte, o destino ajudará?

5 – Conselho para reestruturar as finanças.

6 – O futuro financeiro.

125 – GNOMO DA SORTE

Gostaria de entender a vida financeira? Esta tiragem avalia problemas, oportunidades e soluções.

1 – Situação financeira atual.
2 – Bloqueios internos.
3 – Como superar os bloqueios?
4 – Fatores externos, força superior.
5 – Como aproveitar os fatores externos.
6 – Influência do destino ou do carma.
7 – Conselho para solução imediata.
8 – Caminhos futuros (seis meses).

126 – SURPRESA FINANCEIRA

Tem dinheiro, mas está sempre com dívidas? Esta tiragem promove uma visão clara das finanças.

1 – 1) Minha vida financeira no momento presente.

2 – 2) Como lido com o dinheiro?

3 – 3) Existem melhorias para os próximos quatro meses?

4 – 4) Conselho para seguir em frente.

127 – CORNUCÓPIA

Esta tiragem abre um canal de reflexão e entendimento sobre a própria prosperidade.

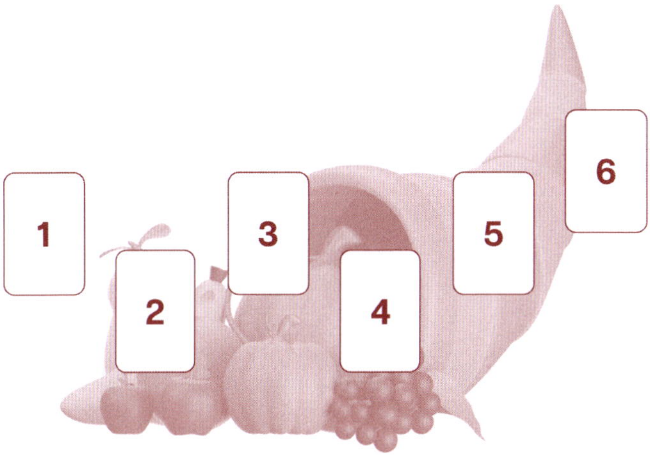

1 – Em que o destino contribui para as minhas necessidades?
2 – O que auxilia para que eu me sinta bem e em paz?
3 – O que a prosperidade significa para mim?
4 – O que trará prosperidade e bem-estar à minha vida?
5 – Um conselho para ter prosperidade e abundância.
6 – Ritmo da abundância nos próximos seis meses.

#127

128 – CRISE FINANCEIRA

Esta tiragem serve quando usamos recursos extras, contraindo dívidas. Como sair dessa situação?

1 – Causa principal que gera o problema financeiro.
2 – O que deve ser feito o mais rápido possível.
3 – Obstáculos ou dificuldades externas.
4 – Terá ajuda ou facilidade para solução?
5 – Tendência dentro de seis meses.

#128

Capítulo 3

VIDA PESSOAL

NÍVEL DE RELACIONAMENTOS — nesta última parte, foram reunidas tiragens de ordem estritamente pessoal, tangendo todo tipo de afinidade ou de problemas, do âmbito familiar ao mundo social. Este capítulo foi organizado para que encontre soluções para grandes desordens emocionais, resolva a solidão, o desespero, ou se aconselhe para manter o grande amor ao seu lado. Priorizamos tiragens para questões pertinentes à comunidade LGBTI+, às separações afetivas e aos conflitos sociais. Cada tiragem é específica para um problema ou dúvida.

Grupo 8: Família — 3 tiragens
Grupo 9: Animais de estimação (pets) — 3 tiragens
Grupo 10: Amizade — 6 tiragens
Grupo 11: Rede social — 2 tiragens
Grupo 12: Sexualidade e gênero — 19 tiragens
Grupo 13: Solteiros — 7 tiragens
Grupo 14: Compromissados — 3 tiragens
Grupo 15: Separados — 9 tiragens
Grupo 16: Conflitos — 20 tiragens

FAMÍLIA

Harmonia, solução, bem-estar

129 – CONTRAMÃO FAMILIAR

Esta tiragem aclara o convívio com os filhos problemáticos, apontando as dificuldades ou indicando ajuda terapêutica.

1 – O comportamento do(a) filho(a) no presente.
2 – Como se relaciona com a mãe?
3 – Como se relaciona com o pai?
4 – Como está na escola?
5 – Quais são os problemas (bloqueios) internos?
6 – Quais são as habilidades (capacidades) para superar dificuldades?
7 – Os pais devem se tratar com um terapeuta familiar?
8 – O(a) filho(a) deve se tratar com um psicólogo?

#129

130 – LUZ GENITORA

Esta tiragem avalia a mãe (viva ou falecida), entendendo a relação com o(a) filho(a).

Observação: esta tiragem se faz uma única vez na vida, portanto respeite as cartas, pois são mensagens importantes, anote os arcanos e reflita sempre que desejar.

1 – O que minha mãe, (nome), esperava de mim?
2 – O que teve que sacrificar por mim?
3 – Que lição ela aprendeu por minha causa?
4 – Qual é a melhor qualidade que herdei de minha mãe?
5 – Qual é o pior defeito que herdei dela?
6 – Que lição tenho que aprender com ela?
7 – Mensagem dos anjos superiores.

A carta 8 é opcional:

8 – Se sua avó faleceu: uma mensagem da avó materna.

#130

131 – RODA DA FORTUNA

Vai mudar de residência? Necessita alugar um imóvel? Irá comprar? Conselho: antes de assinar o contrato, avalie esta tiragem. Casa nova, vida nova?

1 – Esse é um bom imóvel?

2 – O bairro é bom e seguro?

3 – Serei feliz nessa nova moradia?

4 – Aspectos positivos da moradia nesse imóvel.

5 – Aspectos negativos da moradia nesse imóvel.

6 – Resultado.

#131

ANIMAIS DE ESTIMAÇÃO

132 – PET FAMÍLIA

Esta tiragem revela o que os pets (bichinhos de estimação) não conseguem transmitir de modo claro e objetivo ao seu cuidador.

1 – Como (nome do pet) está fisicamente.

2 – Como (nome do pet) está emocionalmente.

3 – O que posso fazer para que o (nome do pet) tenha uma boa vida?

4 – Como (nome do pet) se sente em relação ao veterinário?

5 – E em relação a outros pets?

6 – O que gostaria de revelar de importante?

133 – PET ENCANTADO

Esta tiragem sintoniza com o que o animal de estimação deseja informar ao seu cuidador.

1 – Como é a minha conexão com (nome do pet)?

2 – Por que fomos colocados na vida um do outro?

3 – Uma mensagem de (nome do pet).

4 – O que (nome do pet) quer me orientar a fazer?

5 – O que (nome do pet) necessita?

6 – O que incomoda (nome do pet)?

7 – Como (nome do pet) está em relação ao ambiente?

8 – Como está a saúde de (nome do pet)?

9 – Como ficará (nome do pet) nos próximos seis meses?

134 – PET CELESTIAL

Esta tiragem estabelece uma comunicação com o plano espiritual, mediando as energias do pet que se foi. Observação: aconselhamos a lançar uma única vez, portanto reflita bem antes de abrir a tiragem.

1 – Como (nome do pet) via a nossa relação?

2 – Como (nome do pet) está no plano espiritual?

3 – (Nome do pet) continuará a se comunicar comigo?

4 – (Nome do pet) será meu espírito guardião?

5 – Qual é sua mensagem final?

AMIZADE

135 – AÇO E ROCHA

Esta é uma tiragem que ajuda a lidar com gente traiçoeira, maldosa, trazendo orientações para vencer a negatividade e continuar próspero.

1 – Como vencer os inimigos ou quem deseja me destruir?

2 – Como me proteger e manter a alegria de viver?

3 – O que posso usar a meu favor contra a negatividade?

4 – Qual é o melhor modo de enfrentar essa situação?

5 – Como me proteger das pessoas destrutivas?

136 – JOGO DO BABACA

Esta tiragem aclara os entraves com colegas, amigos ou familiares ignorantes, tolos, fúteis, egoístas, arrogantes, indicando seus pontos fracos e o modo de lidar com eles.

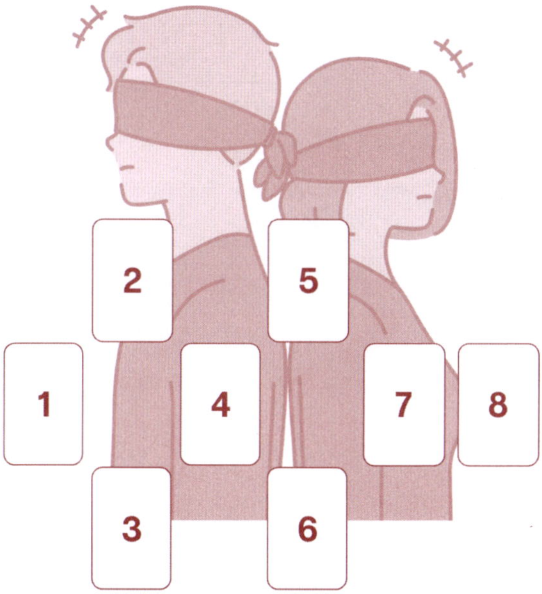

1 – Como (nome) é de verdade?

2 – O que me une a (nome)?

3 – Por que essa pessoa é tão babaca?

4 – O que essa pessoa ganha sendo babaca desse jeito?

5 – Qual é o ponto fraco de (nome)?

6 – Como agir com esse babaca?

7 – O que acontecerá se mantiver as coisas com (nome) assim, sem fazer nada?

8 – Qual é o futuro em relação a (nome)?

#136

137 – RADIOATIVO!

Seja na família ou em uma relação afetiva, esta tiragem ajuda a entender os limites, orientando a se libertar de pessoas possessivas, violentas, críticas, ciumentas, abusivas (financeira ou sexualmente).

1 – O que prende (nome do consulente) à relação tóxica com (nome X)?
2 – Qual é o padrão de comportamento de (nome X) nesta relação tóxica?
3 – De que forma a relação tóxica afeta (nome do consulente)?
4 – O que (nome do consulente) não consegue ver?
5 – O que acontecerá se (nome do consulente) ficar?
6 – O que acontecerá se (nome do consulente) sair?
7 – O que (nome do consulente) pode fazer para se libertar?
8 – (Nome do consulente) terá apoio dos amigos?

138 – POSSO CONFIAR NESSA PESSOA?

A deslealdade (seja em amizade, namoro, casamento) provoca danos profundos. Esta tiragem ajuda a prevenir e a conhecer a verdadeira conduta de uma pessoa.

1 – O que (nome X) mostra?

2 – Quem (nome X) realmente é?

3 – Quais são as intenções dessa pessoa?

4 – Quais são as suas motivações com (nome do consulente)?

5 – (Nome do consulente) deve confiar?

6 – O que esperar dessa relação?

7 – Conselho.

139 – PONTO FINAL?

Esta tiragem guia conversas desafiadoras para agir do modo mais correto para todos.

1 – Qual é o melhor modo de conversar?

2 – Como (nome do consulente) deve se posicionar?

3 – O que dizer?

4 – O que se deve evitar?

5 – O que esperar da outra pessoa?

6 – Resultado da conversa.

7 – Qual é o futuro da relação?

140 – AMIGO TRAÍRA!

Primeiro, constrói-se uma amizade; depois, nada em troca, só ingratidão. É um(a) amigo(a) de traiçoeiro, isso sim! Esta tiragem ajuda a entender e a lidar com a falsidade!

1 – Por que (nome X) me trata como nada?

2 – Por que aturei essa coisa por tanto tempo?

3 – Como suas porcarias me atingiram?

4 – O que (nome X) ainda quer de mim?

5 – Como ficarei se permanecer nessa amizade?

6 – Como posso me livrar desse engano?

REDE SOCIAL

141 – CANCELADO

Busca amigos na rede social, mas nunca consegue mantê-los? Esta tiragem serve como reflexão para suas mídias.

1 – Como me relaciono com o meu perfil nas redes sociais?

2 – Como a forma-pensamento das redes sociais me afeta psiquicamente?

3 – Tenho força astral e mental para combater os haters?

4 – Como melhorar o meu relacionamento nas redes sociais?

5 – Conselho do meu Eu Superior.

#141

142 – STALKER

Esta tiragem é ótima quando se desconfia de que alguém está de sentinela para o ataque social: um desafeto? Um ex? Um crush? Quem o persegue? Que medidas tomar? Vamos ver!

1 – Qual é a intenção do *stalker*?

2 – Qual máscara social ele(a) usa?

3 – Quem é ele(a) na verdade?

4 – Continuará me perseguindo?

5 – Devo denunciar na própria rede?

6 – Devo bloquear?

7 – Conselho.

#142

SEXUALIDADE E GÊNERO

143 – GOZOSO!

Terá um encontro íntimo e se percebe extremamente excitado(a), com muitas expectativas? Esta tiragem ajudará a conhecer a química sexual, dando direções para um gozoso[4] inesquecível.

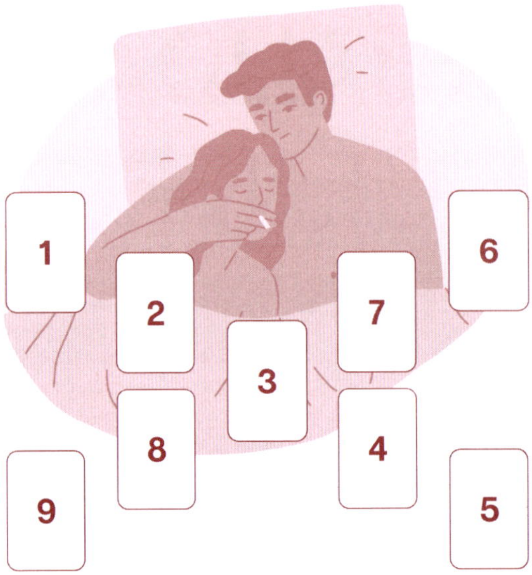

1 – Como a pessoa me vê?

2 – Como ela se sente atraída por mim?

3 – O que ela espera de mim na cama?

4 – Como ela transa?

5 – O que posso fazer para trazer mais prazer?

6 – Qual será a nossa química?

7 – O que nos favorece?

8 – O que nos atrapalha?

9 – Qual é o futuro dessa relação sexual?

4. Gozoso = gozo gostoso.

144 – CAMA DO PRAZER

O autoconhecimento também passa pela vida sexual, independentemente se há um(a) parceiro(a) fixo(a). Afinal, como é a sua sexualidade? Esta tiragem ajudará na reflexão para melhorar o gozo e o prazer sexual.

1 – Como está minha vida sexual?

2 – Como melhorá-la?

3 – O que preciso saber sobre a minha sexualidade?

4 – Como é a minha relação com meu corpo?

5 – Como é a minha relação com o corpo do outro?

6 – Como superar bloqueios sexuais?

7 – O que pode tornar minha vida sexual mais prazerosa?

8 – Qual é o futuro da minha vida sexual?

145 – TURBINAÇÃO

Encontra-se estagnado(a) sexualmente? Marasmo, preguiça? Seja casado(a) ou solteiro(a), esta tiragem ajudará a dar aquela realçada e uma turbinada nas relações sexuais, colocando muito tempero!

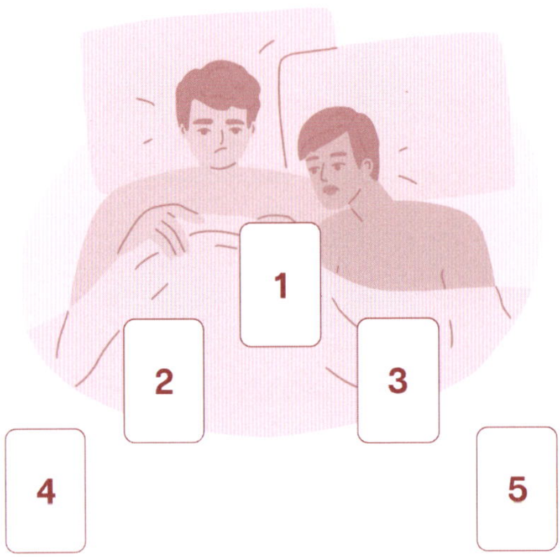

1 – O que posso fazer para me sentir mais pleno(a) no sexo?

2 – O que pode fortalecer minha autoconfiança na cama?

3 – Que dica o oráculo me dá para ter mais poder de atração?

4 – O que posso fazer para fortalecer minha autoestima?

5 – O que devo abandonar para viver melhor a minha sexualidade?

146 – SAL E PIMENTA

Casado(a)? Tem ficante, namorado(a)? Quer melhorar a vida sexual? Esta tiragem ajudará a encontrar a medida e as atitudes certas para obterem o melhor um do outro na vida sexual.

1 – Qual é a melhor forma de agir na transa?
2 – Como devo conduzir a transa?
3 – O que funciona melhor para nós dois?
4 – Que tipo de química teremos (ou temos)?
5 – Como devo agir na relação antes e depois do sexo?
6 – Qual é o futuro da relação?

147 – AZEITANDO!

Está bem, mas deseja ficar ainda melhor na vida sexual com o(a) parceiro(a)? Esta tiragem explora a vida íntima para torná-la ótima! Entenda a relação sexual.

1 – O que minha vida sexual necessita?

2 – O que a vida sexual do(a) parceiro(a) deseja?

3 – Como o(a) parceiro(a) está sexualmente em relação a mim?

4 – Como estou sexualmente em relação a ele(a)?

5 – Qual é a nossa química?

6 – Como posso azeitar, esquentar, melhorar a relação?

7 – Qual é o futuro da nossa vida sexual?

148 – DESBLOQUEANDO O PRAZER

Está difícil atingir o prazer afetivo-sexual? Esta tiragem revela o que está impedindo o consulente de alcançar a satisfação e a felicidade na vida a dois, dissolvendo traumas, *bullying* e questões do passado.

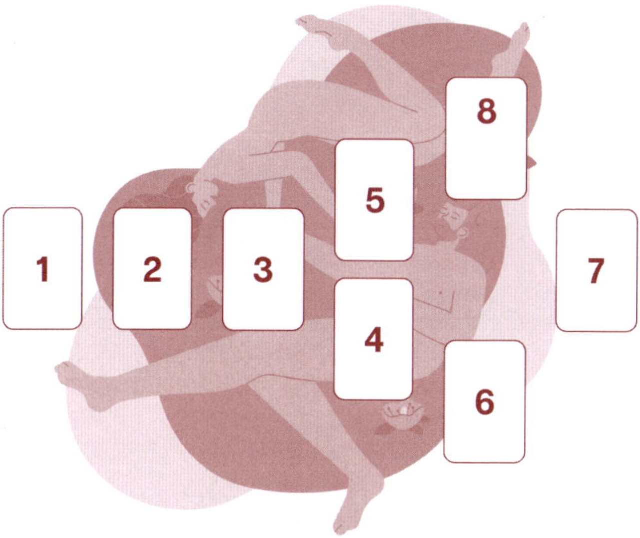

1 – O que bloqueia o prazer?

2 – Como superar esse bloqueio?

3 – Como está o emocional?

4 – E o mental?

5 – O que pode estimular mais, excitar mais?

6 – O que se deve evitar?

7 – Como viverá o prazer no futuro?

8 – Como despertar a força sexual?

149 – INTIMIDADE

Dificuldade em entender o(a) parceiro(a)? Esta tiragem ajuda a decifrar a pessoa com quem se relaciona, conhecendo os desejos, as fantasias e as necessidades e, assim, atingir a plenitude.

1 – Qual é a fantasia sexual da pessoa?
2 – O que a pessoa quer sexualmente?
3 – O que ela necessita sexualmente?
4 – Do que ela carece afetivamente?
5 – O que você tem para dar?
6 – Qual é a química entre vocês?

150 – LILITH

Exausto(a) de estar sob a égide da hipocrisia familiar ou social? Gostaria de viver plenamente a vida afetivo-sexual? Esta tiragem orienta a libertar os bloqueios, apontando o caminho da felicidade.

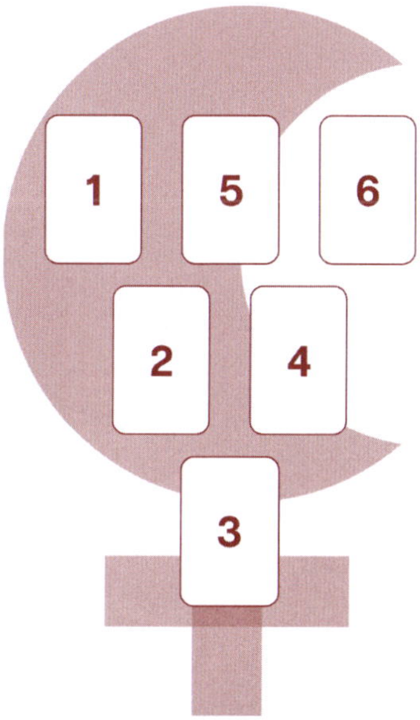

1 – Como posso ter o controle da minha vida afetivo-sexual?

2 – Como posso viver plenamente a minha sexualidade?

3 – Como posso usar a minha energia sexual para trazer fertilidade de realizações para minha vida?

4 – Como posso me libertar das limitações moralistas e opressoras da sociedade?

5 – Como posso integrar as minhas sombras, ter mais poder espiritual e na minha vida de forma geral?

6 – Uma mensagem de Lilith.

151 – VADIAGEM

Esta tiragem serve à autorreflexão para o homem ou a mulher que adora múltiplos parceiros para ter sexo farto, fácil, rápido, livre, sem nome ou compromisso. De que tipo sou?

1 – Que tipo de libertino(a) eu sou?

2 – Por que sou tão devasso(a)?

3 – Como afeto os outros com a minha vadiagem?

4 – Qual é o meu futuro de libertinagem?

#151

152 – PICOLÉ DO AMOR

Tem um flerte, um encontro sexual e gostaria de saber se a luxúria irá satisfazer a sonhada libidinagem? Use esta tiragem e seja feliz!

1 – Como serão as nossas preliminares?

2 – (Nome) fará o que insinua ou diz?

3 – (Consulente) fará o que realmente deseja?

4 – (Consulente) Sentirá o que imagina?

5 – (Consulente) Irá gozar gostoso?

153 – SAINDO DO ARMÁRIO

Esta tiragem avalia se a pessoa está preparada para assumir sua identidade de gênero e orientação sexual (dito *sair do armário*), bem como se é o momento certo e quais as consequências disso.

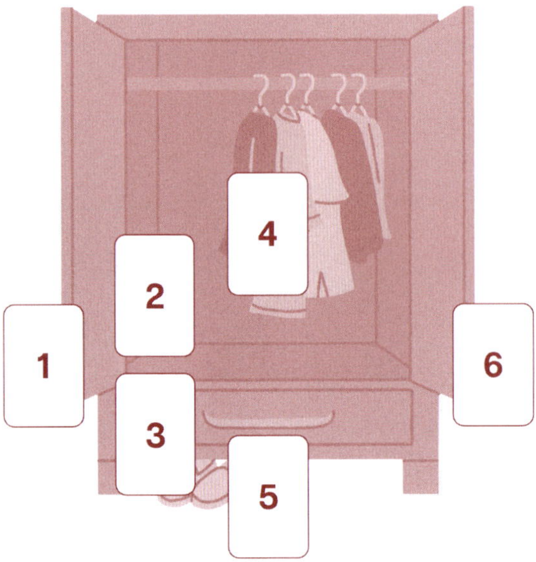

1 – Como as pessoas do meu convívio me veem?

2 – Como a família reagirá à minha orientação sexual e/ou minha identidade de gênero?

3 – Como será a reação das pessoas quando eu sair do armário?

4 – Estou preparado(a) para lidar com as consequências de sair do armário?

5 – É o momento certo?

6 – Como tudo ficará no futuro?

#153

154 – PAIS COM ORGULHO LGBTI+

Esta tiragem auxilia os pais a mostrarem apoio e acolhimento aos filhos LGBTI+[5], mesmo quando estes ainda não tiveram coragem de assumir sua identidade e/ou orientação sexual perante a sociedade.

1 – Como meu filho LGBTI+ me observa em relação à sua orientação sexual e/ou identidade de gênero?

2 – Como meu filho LGBTI+ lida com a sua sexualidade e/ou identidade de gênero?

3 – Qual seria a sua reação se eu abordasse esse assunto diretamente?

4 – É o momento certo para conversar, revelando que o(a) aceitamos?

5 – Como o resto da família reagirá à sua orientação sexual ou à sua identidade de gênero?

6 – Qual é a melhor forma de ajudá-lo(a)?

#154

---

5. LGBTI+ — sigla que representa lésbicas, gays, bissexuais, transgêne outros grupos que não se sentem parte apenas do LGBTI.

155 – ARCO-ÍRIS

Esta tiragem é baseada nas cores do arco-íris e da bandeira do Orgulho Gay, auxiliando na reflexão sobre a própria vida afetivo-sexual, a identidade de gênero e a orientação sexual.

1 – Vermelho: como está minha vida sexual?

2 – Laranja: como está minha saúde?

3 – Amarelo: o que é mais importante para mim neste momento de vida?

4 – Verde: como é o meio em que vivo em relação à minha orientação sexual e/ou minha identidade de gênero?

5 – Azul: como vivo minha identidade assumida?

6 – Anil: como está o meu emocional?

7 – Violeta: uma mensagem de minha alma para mim.

156 – AMOR-PRÓPRIO

Tem dificuldades de se sentir pleno(a) na sociedade? Esta tiragem é indicada para refletir como é viver a identidade de gênero e a orientação sexual em sua totalidade, encontrando a harmonia social.

1 – Como me vejo como pessoa LGBTI+?
2 – Como vivo como pessoa LGBTI+?
3 – Que traumas carrego de não ter me assumido?
4 – Como me relaciono com a comunidade LGBTI+?
5 – Como vivo o amor como pessoa LGBTI+?
6 – Um conselho para o amor-próprio, a autoestima de ser LGBTI+.

157 – HOMOTRANSFOBIA

Esta tiragem aclara como a homotransfobia afeta o consulente e de que modo ele pode lidar com essa agressão física e psicológica ou com o trauma de algum *bullying*, afinal, homotransfobia é crime!

1 – Como está o emocional agora?

2 – Como lida com a sua orientação sexual e/ou sua identidade de gênero?

3 – O que acontece quando a sua orientação sexual ou sua identidade de gênero é percebida?

4 – Como a homotransfobia afeta sua vida?

5 – Como lida com essa violência (física ou emocional)?

6 – O consulente recebe apoio e proteção das pessoas?

7 – Qual é o melhor modo de lidar com a homotransfobia?

#157

158 – RESGATANDO A DEUSA

Esta tiragem serve para a mulher[6] resgatar sua dignidade e ter plenitude, promovendo a autocura diante do machismo, da misoginia, do *bullying*, da transfobia, de um relacionamento tóxico etc.

1 – O que necessito para ser a mulher que nasci para ser?

2 – Como é o meio em que vivo?

3 – O que pode me fortalecer?

4 – O que necessito para me libertar e ser plena?

5 – Posso contar com o apoio de outras mulheres?

6 – O que devo evitar?

---

6. De qualquer gênero ou orientação sexual — cisgênero, transsexual, heterossexual, bissexual, lésbica, intersexo etc.

159 – SER OU NÃO SER?

Esta tiragem auxilia na reflexão sobre a constituição do próprio gênero ou o que mais se alinha à sua identidade de gênero. Observação: C1, C2, C3: feminino; C4, C5, C6: não binário[7]; C7, C8, C9: masculino.

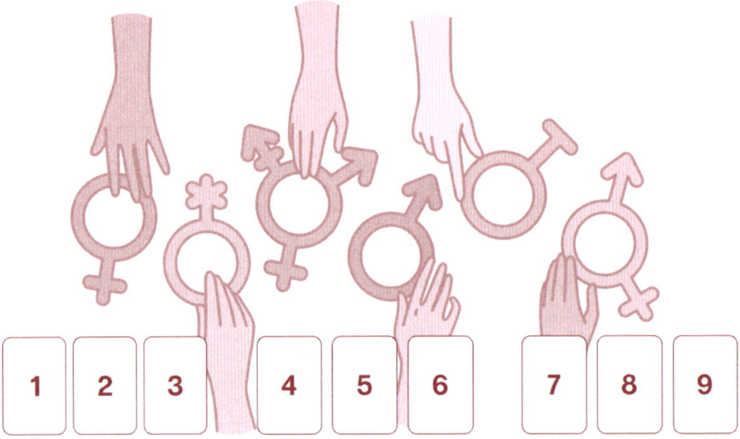

1 – Qual é a afinidade do meu ser com o gênero feminino e o espectro de feminilidades?
2 – Como lido com o feminino e as feminilidades?
3 – Como performo a feminilidade?
4 – Qual é a afinidade e identificação do meu ser com a não-binariedade?
5 – Como lido com a não-binariedade?
6 – Como o gênero não binário está em minha vida?
7 – Qual é a afinidade do meu ser com o gênero masculino e o espectro de masculinidades?
8 – Como lido com o masculino e as masculinidades?
9 – Como performo a masculinidade?

---

7. Que não se sente pertencente ao gênero masculino nem ao feminino, podendo ser fluídico.

160 – ÁGUAS BINÁRIAS

Esta tiragem auxilia as pessoas não binárias a entenderem sua identidade, os danos que a homotransfobia pode causar, encontrando um caminho para se afirmarem no meio social.

1 – Como se relaciona com a sua identidade de gênero?

2 – Como lida com o mundo?

3 – Como sua identidade se organiza na sua mente?

4 – Como está inserido em seu meio?

5 – Como lida com a homotransfobia e a cisnormatividade?

6 – O que pode ajudar o consulente a ser quem é e lidar com os desafios do mundo?

161 – DISFORIA DE GÊNERO

Esta tiragem auxilia a entender como o transgênero (homem ou mulher) lida com a disforia, ajudando a resolver os conflitos psicoemocionais como ansiedade, angústia, depressão, ideias suicidas etc.

1 – Como estou em relação à minha identidade de gênero?

2 – Como estou emocionalmente?

3 – Como estou mentalmente?

4 – O que desencadeia a disforia de gênero?

5 – O que gera euforia de gênero?

6 – Um conselho para alcançar o equilíbrio.

#161

Bônus: vídeo explicando as diversas designações sobre identidade de gênero e orientação sexual, para melhor acolhimento de um consulente LGBTI+.

QR161BONUS

SOLTEIROS

162 – NAMORO OU AMIZADE?

Tiragem especial para quem tem um flerte, crush, ficante, alguém que está se enamorando, mas ainda não tem certeza se é namoro, amizade ou distanciamento.

1 – A energia que a pessoa transmite.

2 – Qual é a sua emoção interna?

3 – O que ele(a) sente por mim?

4 – Como ele(a) me vê?

5 – O que ele(a) pretende comigo?

6 – Vai dar namoro?

163 – SAPO OU PRÍNCIPE?

Tiragem para observar se vale a pena marcar um encontro (café, cinema, passeio, sexo etc.) com alguém que conheceu há pouco tempo pela rede social ou app de relacionamentos.

1 – Quem é essa pessoa?

2 – Quais são suas intenções em relação a mim?

3 – Devo marcar (ou aceitar) um encontro?

4 – Conselho.

164 – ENCONTRO EM ABERTO

Está interessado(a) em alguém, mas tem dúvidas sobre esse flerte? Esta pessoa, por sua vez, também revelou o desejo e quer marcar um encontro? Vale a pena investir nessa relação?

1 – Quais as reais intenções dessa pessoa comigo?

2 – Qual o sentimento dessa pessoa por mim?

3 – Que tipo de química temos, ou teremos?

4 – Que tipo de relação poderemos ter?

5 – No que deve ter mais atenção?

6 – Conselho.

165 – QUÍMICA SEXUAL

Está interessado(a) unicamente em uma relação sexual com certa pessoa? Quer apenas o prazer, sem compromisso algum? Esta tiragem revela o poder da energia sexual entre o casal e se vai ser gostoso!

1 – Existe química sexual entre nós?

2 – Ele(a) me quer?

3 – Vamos fazer sexo?

4 – Como será nossa relação sexual?

166 – CHAVE DO CORAÇÃO

Está com o coração ferido, fechado para o amor, sem propensão a se recuperar? Esta tiragem foi desenhada para que possa saber se já é a hora certa de abrir o coração para um novo amor.

1 – Por que meu coração está fechado?
2 – É hora de abri-lo?
3 – Se sim, como abri-lo?
4 – Se não, o que posso fazer para curar essa ferida?
5 – Como ficarei depois dessa superação?

167 – FÊNIX

Após um relacionamento difícil, tóxico, ainda podem restar resquícios psicoemocionais, sendo necessário entendê-los para seguir adiante, renascendo das cinzas. Esta tiragem auxilia a reconhecer ou entender o passado e o presente, seguindo rumo a um novo amor.

1 – Que relação negativa tive com (nome do ex)?

2 – Por que acho que ninguém me quer?

3 – O que me aguarda afetivamente nos próximos meses?

4 – O que posso fazer para me reerguer como uma fênix?

5 – Qual é o futuro no amor? (seis meses).

168 – ENCONTRANDO UMA RELAÇÃO

Está se divertindo em uma fase de solteirice, mas já está pensando em ter uma relação fixa, mais integrativa, para dormir juntos etc.? Esta tiragem auxilia a conhecer as perspectivas amorosas e as possibilidades de encontrar uma nova relação.

1 – Você está pronto(a) para uma relação?

2 – A pessoa que encontrará também está pronta para uma relação?

3 – Como irão se conhecer?

4 – Como será essa relação?

5 – O que você ganha?

6 – O que perde?

7 – Potencial da relação de se firmar.

COMPROMISSADOS

169 – OLHOS ABERTOS

Namorando ou ficando? Deseja entender melhor o que o(a) parceiro(a) observa ou o que deseja do relacionamento? Esta tiragem irá abrir seus olhos e ajudar a admirar um mundo novo!

1 – Como (nome) me vê.

2 – O que o(a) incomoda?

3 – Do que mais gosta em mim?

4 – Como vive o nosso sexo?

5 – O que espera da nossa relação?

6 – O que quer para a nossa relação?

7 – Conselho.

170 – AMOR ATUAL

Iniciou um relacionamento afetivo, mas ainda tem dúvidas sobre o futuro? Esta tiragem ajudará a ter uma visão clara do progresso do namoro ou do ficante.

1 – O que (nome) sente por você?

2 – Quais são as verdadeiras intenções dele(a)?

3 – O que ele(a) quer com você?

4 – O que você quer com ele(a)?

5 – O que os aproxima?

6 – O que os separa?

7 – Qual é a energia que circunda a relação?

8 – O que está escondido, quais são os obstáculos?

9 – Tendência futura (seis meses).

171 – REVELAÇÃO

Tem um relacionamento duradouro, está namorando ou já é casado(a), mas o tempo pesa no cotidiano, dificultando a convivência e a autoconfiança? Faça esta tiragem para aclarar e acalmar o psicoemocional.

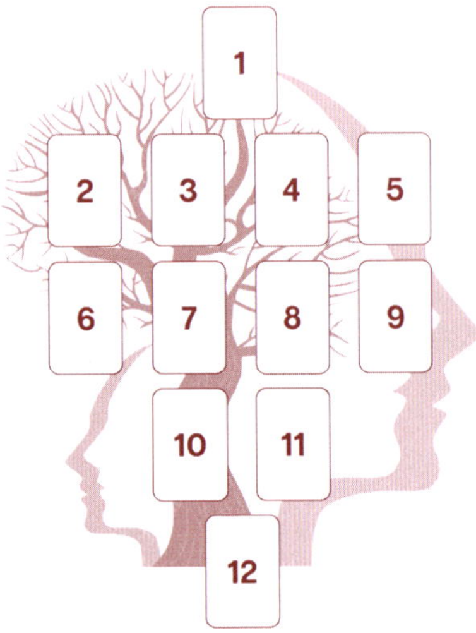

1 – A relação.
2 – Como (nome) me vê?
3 – O que (nome) sente por mim?
4 – Como ele(a) observa a vida a dois?
5 – Como ele(a) sente nossa vida sexual?
6 – Quais são os planos afetivos dele(a)?
7 – Há fatores externos, ligados a (nome), atrapalhando?
8 – O que está oculto, em segredo?
9 – Como ele(a) se comporta sozinho(a)?
10 – O que nos une?
11 – O que nos separa?
12 – Futuro.

SEPARADOS

172 – TEM VOLTA?

Foi embora, separou-se, divorciou-se, está longe, mas uma das partes ainda ama e deseja o retorno? Esta tiragem esclarece definitivamente como está a parte que se foi.

1 – O que ele(a) pensa sobre o que viveram?

2 – Quais são os sentimentos dele(a) em relação a você?

3 – Ele(a) pensa em voltar?

4 – Como está a vida afetiva e sexual dele(a)?

5 – O que (nome) quer da própria vida afetiva?

6 – Como você deve agir?

7 – Quais são as chances de voltarem?

8 – Como seria essa relação se reatassem?

9 – Conselho final.

173 – QUERO DE VOLTA!

Não esquece o passado ou ainda pensa na pessoa que se foi? Será que é possível o retorno que tanto deseja? Esta tiragem serve para tirar essa angústia.

1 – A razão do término.

2 – Comportamento do(a) parceiro(a) em relação ao término.

3 – Como ele(a) se sente em relação a mim?

4 – (Nome) volta para mim?

174 – PRISÃO

Esta tiragem ajuda a compreender com clareza a realidade de uma separação, orientando a maneira correta de agir, revelando as perspectivas de uma nova vida afetiva.

1 – Como estou no momento, em razão da separação?

2 – Quais são os sentimentos de (nome) por mim?

3 – Por que ainda estou preso(a) a (nome)?

4 – Como devo agir?

5 – Qual é o nosso futuro?

6 – Qual é o meu futuro afetivo?

#174

175 – VAI OU FICA?

Separou-se, mas reside a dúvida de um retorno, pois a outra parte sempre dá indícios de uma recaída ou de palavras dúbias sobre o futuro a dois? Esta tiragem ajuda a esclarecer o futuro.

1 – O que necessita saber sobre a separação?

2 – Como era a relação?

3 – Como a pessoa está em relação a você, agora?

4 – Quais são as possibilidades de tudo ficar bem com os dois?

5 – Ele(a) vai voltar?

6 – Como seria a relação se (nome) voltasse?

7 – Como se sentiria ao retornar a esse relacionamento?

176 – MALMEQUER

Separaram-se, divorciaram-se, mas o(a) ex-companheiro(a) continua a instigar, a perseguir, desejando retornar? Esta tiragem mostra como se livrar de uma relação tóxica.

1 – Por que essa pessoa insiste em querer voltar?

2 – O que essa pessoa deseja com isso?

3 – Quais os sentimentos de (nome) por mim?

4 – O que posso esperar se houver um retorno?

5 – E se não voltarmos?

6 – Qual o futuro dessa situação?

7 – Conselho.

177 – SUPERAÇÃO

O luto também reside em uma separação afetiva, e só o tempo abranda os fatos. Esta tiragem é indicada para quem aceita e deseja entender os reais motivos do rompimento e seguir em frente.

1 – Como observo/vejo a relação antiga?

2 – Como (nome) também observa/vê?

3 – Como era a nossa relação?

4 – Por que não deu certo?

5 – Como os fatores externos interferiram na relação?

6 – Como estou lidando com a separação?

7 – Como posso superar a perda?

8 – Qual é o meu futuro afetivo?

178 – FIM DA LINHA

Terminou, mas não acabou! A dor distorce os fatos, mas a vida afetiva necessita seguir adiante. Esta tiragem ajuda a encontrar o equilíbrio para uma nova vida.

1 – Que verdade preciso saber sobre (nome)?

2 – Por que (nome) saiu da minha vida?

3 – Como estou emocionalmente sem (nome)?

4 – O que necessito para seguir em frente?

5 – Já estou pronto(a) para uma nova relação?

6 – Qual é o meu futuro afetivo?

179 – LUTO DE AMOR

Esta tiragem ajuda quem não consegue superar uma separação afetiva, divórcio ou abandono, ao aclarar os próprios sentimentos e concepções acerca do que ainda resta no plano psicoemocional.

1 – Como estou por dentro?

2 – O que significa a nossa relação para mim?

3 – O que pode me ajudar a seguir em frente?

4 – Poderei me relacionar com quem perdi?

5 – O que fazer?

180 – RENASCIMENTO

Esta tiragem é indicada para aqueles que já superaram uma separação e estão em busca de uma nova vida, renovada e repleta de oportunidades afetivas, tal qual o renascimento da Fênix.

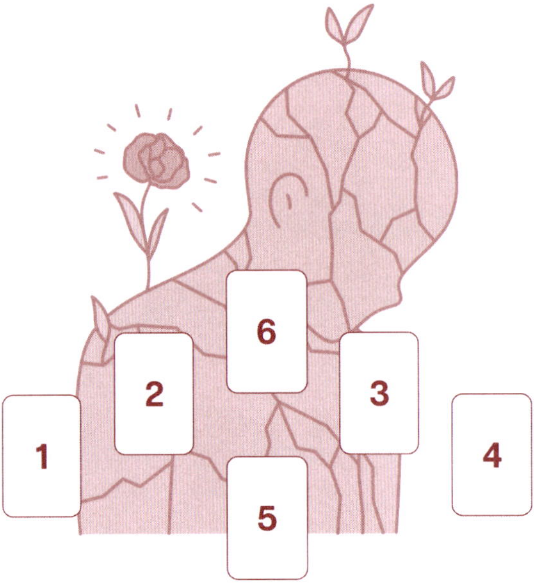

1 – O que fica para trás?

2 – O que surge de novo na minha vida?

3 – Quais serão meus novos desafios?

4 – Quais serão minhas novas oportunidades?

5 – O que ganho com essa renovação?

6 – Como será minha nova vida?

CONFLITOS

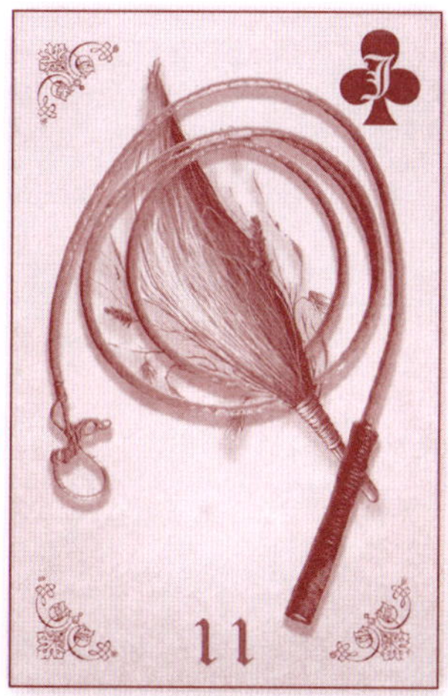

181 – LIBERTAÇÃO!

Esta tiragem auxilia a ponderar sobre os padrões repetitivos que causam bloqueios à satisfação.

1 – O que cria esse padrão limitante?

2 – O que não consigo ver que me leva à repetição?

3 – Como esse padrão me afeta?

4 – O que pode me libertar?

182 – É HORA DE IR EMBORA?

Esta tiragem é útil nos momentos de sofrimento e dúvidas sobre o relacionamento, que não mais acalenta, não traz mais satisfação e felicidade.

1 – O que recebo dessa relação?

2 – Como ela afeta minha vida?

3 – Como ficarei se continuar?

4 – Como ficarei se for embora?

5 – Conselho.

183 – DORMINDO COM O INIMIGO

Se ainda não está preparado(a) para romper uma relação tóxica, esta tiragem pode aclarar a situação até que possa superá-la.

1 – Quem é essa pessoa de verdade?
2 – O que ele(a) sente em relação a mim?
3 – O que ele(a) pretende comigo?
4 – Como ele(a) vai me prejudicar?
5 – Quais serão suas ações em relação a mim nos próximos três meses?
6 – O que devo fazer para minha proteção?

184 – VAZA!

Esta tiragem serve para entender os motivos pelos quais uma amizade tóxica ou um(a) ex-companheiro(a) ainda persegue o consulente, embora também sempre fuja.

1 – O que liga (nome) a mim?
2 – Como está a cabeça dele(a)?
3 – Como essa pessoa afeta a minha vida?
4 – Por que ele(a) não me deixa em paz?
5 – O que posso fazer para que (nome) me deixe em paz?

185 – FALSIANE

Esta tiragem ajuda a encontrar o que está sendo escondido ou revelar se há alguma mentira envolvida, e como tudo isso afeta o consulente.

1 – Como essa mentira afeta o consulente?

2 – O que está sendo escondido?

3 – A verdade será revelada?

4 – Por que (nome) mentiu?

5 – Qual é o melhor modo de agir?

186 – VERDADE ESCONDIDA

Esta tiragem é ideal quando se tem certeza de que a verdade foi escondida — numa situação em que a mentira seria o menor dos problemas.

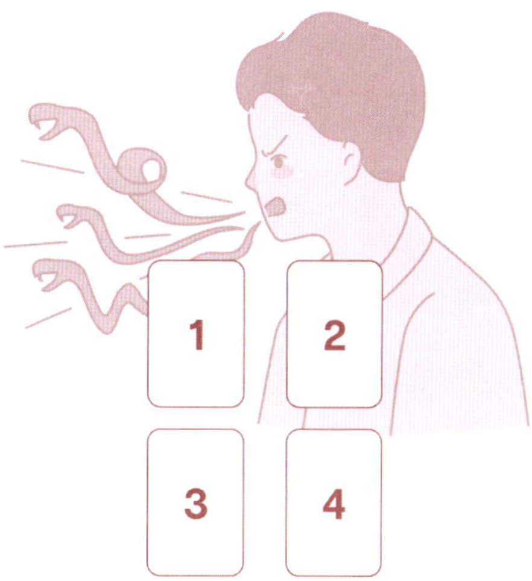

1 – Qual é a verdade por trás dessa situação?

2 – Como isso prejudica sua vida?

3 – Por que isso foi escondido do consulente?

4 – Como lidar com essa situação?

187 – RAIZ QUADRADA

Esta tiragem ajuda na solução de qualquer problema (material, conjugal, social), revelando o conflito vivido pelas pessoas envolvidas.

1 – O problema.
2 – Como contribuo para isso?
3 – Como (nome) contribui?
4 – O que posso fazer para resolvê-lo?
5 – O que pode piorá-lo?
6 – Resultado.

188 – PRECISAMOS CONVERSAR!

Esta tiragem orienta as ações quando se necessita esclarecer algo importante, podendo levar a conflitos maiores, como separação, inimizade, demissão etc.

1 – Como devo agir durante essa conversa?

2 – O que devo dizer?

3 – O que não devo dizer?

4 – O resultado.

189 – CONVERSA DIFÍCIL

Esta tiragem auxilia na condução de conversas complexas, evitando desfechos indesejados, como briga, separação, demissão, inimizade etc.

1 – Como (nome) vê/observa a situação?

2 – Como (nome) me vê/observa na situação?

3 – A reação imediata de (nome).

4 – A reação dele(a) depois da conversa.

5 – Qual é o melhor modo de conduzir a conversa?

6 – Qual será o resultado da conversa?

7 – Qual é o futuro da relação?

190 – CONFLITO NO AMOR

Esta tiragem traz uma compreensão mais ampla do papel de um casal na relação, revelando a origem do conflito e mostrando os melhores caminhos para a solução.

1 – Como ajo na relação?

2 – Como (nome) age?

3 – Como contribuo com a relação?

4 – O que (nome) traz para a relação?

5 – Como me comunico?

6 – Como (nome) se comunica?

7 – Como esse conflito é representado pelo oráculo?

8 – Conselho.

9 – Qual será o futuro da relação?

191 – LIXO RADIATIVO

Esta tiragem auxilia a entender uma relação afetiva negativa, dando conselhos para se afastar ou se proteger dessa energia tóxica.

1 – Essa carta representa (nome).

2 – O que motivou a desarmonia ou o término da relação?

3 – O que (nome) quer com esses comportamentos tóxicos?

4 – O que faço para me proteger da energia negativa de (nome)?

5 – O que faço para me livrar desse lixo radiativo?

6 – Qual é o meu futuro depois que (nome) sair da minha vida?

7 – Qual é o futuro desse lixo radiativo? (Essa carta é opcional, pense bem se quer mesmo saber disso! Vire a página, melhor seguir em frente).

192 – ALVORECER

Esta tiragem explora uma situação, revelando informações importantes para que possa ser resolvida.

1 – Como minhas ações passadas afetam a questão?

2 – Como estou por causa dessa situação?

3 – Influências externas.

4 – Influências internas.

5 – O que não consigo ver?

6 – O que pode me ajudar?

7 – O que me atrapalha?

8 – Resultado.

193 – ESCORPIÃO

Esta tiragem foi concebida para auxiliar a entender o impacto das perdas significativas, como morte, separação, divórcio, demissão etc., ajudando a reconstruir a vida.

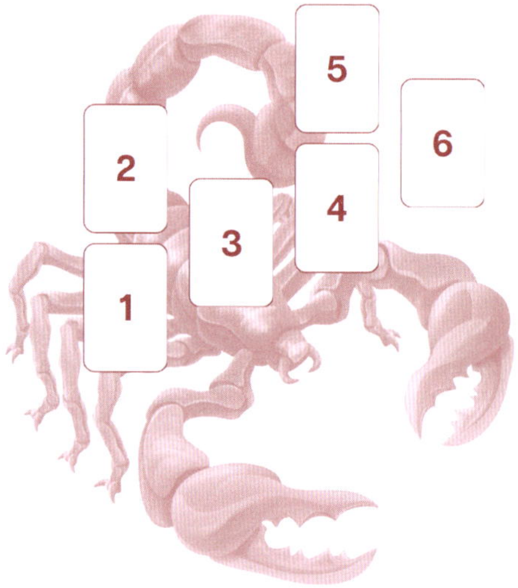

1 – O que acabou com essa perda?

2 – O que pode me ajudar nesse processo de luto?

3 – Como está o meu emocional nessa questão?

4 – O que me espera após essa perda?

5 – Como viverei essa nova fase da vida?

6 – O que pode me ajudar a ressignificar a vida?

7 – Uma mensagem dos meus guias/anjos/ mentores neste momento.

194 – DEVO ME SEPARAR?

Esta tiragem ajuda na reflexão sobre um rompimento definitivo, um divórcio. Avalie.

1 – Quais são os meus verdadeiros sentimentos sobre o meu casamento?

2 – Quais são as causas internas da minha insatisfação?

3 – O que aconteceria se optasse pelo divórcio?

4 – O que aconteceria se permanecesse no casamento?

5 – Que ação devo tomar para encontrar o melhor caminho?

6 – Que obstáculos podem surgir durante o processo de separação?

7 – Um conselho para me guiar nessa decisão.

195 – BOMBA

Esta tiragem orienta o melhor modo de enfrentar o conflito de um divórcio inesperado, inevitável e irreconciliável.

1 – Que sentimentos tenho em relação à separação que ocorre?

2 – A que recursos e forças devo recorrer para me ajudar nesse momento delicado?

3 – Que obstáculos podem surgir durante o processo de separação?

4 – Como me comunicar melhor com o(a) ex-cônjuge nessa fase difícil?

5 – O que posso fazer para manter o equilíbrio e a força interior?

6 – Que atitudes posso tomar para manter o bem-estar e me proteger?

7 – Qual é a lição mais importante que aprendo nessa separação (divórcio)?

196 – VAI SE FERRAR!

Está em um relacionamento tóxico? Esta tiragem auxilia a encontrar uma solução para essa negatividade.

1 – Por que (nome) me trata tão mal?

2 – Por que tolero as suas sacanagens por tanto tempo?

3 – Como a sua manipulação me afeta?

4 – Como posso me afastar de (nome)?

5 – Como me curar dessa pessoa?

197 – DESCONFIANÇA

Esta tiragem aclara o verdadeiro comportamento de quem presumimos alguma deslealdade.

1 – O que passa na cabeça dessa pessoa em relação a mim?

2 – Que tipo de sentimento ela tem por mim?

3 – Quais as intenções dela comigo?

4 – A atitude verdadeira: cumpre o que fala?

5 – O que está oculto?

198 – O ACORDO

Está em um relacionamento afetivo com brigas recorrentes? Esta tiragem avalia se os parceiros chegarão a um acordo.

1 – Como está (nome) na relação?

2 – Como eu estou no relacionamento?

3 – O que é importante para ele(a) na relação?

4 – O que é importante para mim no relacionamento?

5 – Vamos chegar a um acordo?

6 – Futuro do relacionamento.

199 – MAPA DA DOR

Tiragem para analisar a dor, a mágoa, o sofrimento (de qualquer situação) e como superá-la.

1 – O que é necessário para curar a dor?

2 – O que me faz sofrer?

3 – Como essa dor atrapalha a minha vida?

4 – Como curar essa ferida?

5 – Para onde a cura me leva?

6 – Conselho do Eu Superior.

200 – INFERNO

Tiragem para avaliar o próprio ciúme que sempre causa brigas, discussões e desarmonia.

1 – Origem dos meus ciúmes de (nome).

2 – O peso do ciúme no meu psicoemocional.

3 – Fatores inconscientes do ciúme.

4 – Meu ciúme de (nome) tem fundamento?

5 – Como o ciúme interfere na minha vida pessoal?

6 – Como devo agir para aplacar o ciúme?

AUTORES

NEI NAIFF, nome espiritual de Claudinei Santos, nasceu em 4 de novembro de 1958, em Jundiaí (SP). Com formação superior em Letras Português-Inglês, é CEO da Escola On-line de Tarô Nei Naiff e diretor no Brasil da Rede Internacional de Congressos de Tarô, que conta com onze países-membros. É conferencista internacional, escritor, tarólogo e astrólogo. Dedica-se às artes oraculares e holísticas há mais de 40 anos.

Perfil no Youtube,
Facebook e Instagram:
@neinaiff

Sites:
www.tarotista.com.br
www.neinaiff.com

VERA CHRYSTINA nasceu em 12 de fevereiro de 1959, em São Paulo/SP. Com formação superior em Publicidade e Propaganda, é taróloga, astróloga e radiestesista. Por 30 anos foi CEO do Oceano Centro de Estudos e Pesquisas; também já palestrou em vários eventos sobre tarô.

Contato para cursos e consultas:
www.verachrystina.com.br

Instagram @verachrystina.tarot
Youtube: @VeraChrystinadaCostaSantos

ALEXSANDER LEPLETIER nasceu em 29 de novembro de 1973, no Rio de Janeiro/RJ. Com formação superior em Jornalismo, também tem especialização em Direitos Humanos, Gênero e Sexualidade, e em Antropologia Social e Cultural. É graduando em Ciências Biológicas e atua como cartomante, tarólogo, astrólogo, runemal, conferencista internacional e CEO da Lenormando Academy.

Contato para cursos e consultas
Youtube, Facebook e Instagram:
@lenormando

REFERÊNCIAS

LIVROS

BANZHAF, Hajo. *As Chaves do Tarô*. São Paulo: Pensamento, 1995.

BURKE, Juliet Sharman. *O Livro Completo do Tarô*. São Paulo: Editora Madras, 2012.

GAD, Irene. *Tarô e Individuação*. São Paulo: Mandarim, 1996.

GERINGER, Mary Steiner. *O Tarô e o Autoconhecimento*. São Paulo: Pensamento, 1985.

MOORE, Barbara. *O Tarô das Associações*. São Paulo: Pensamento, 2015

NAIFF, Nei. *Tarô: Oráculo e Métodos – vol.3*. São Paulo: Alfabeto, 2019.

SAMS, Jamie. *Cartas do Caminho Sagrado*. Rio de Janeiro: Rocco, 1993.

WEN, Benebell. *Holistic Tarot*. Berkely: North Atlantic Books, 2015.

INTERNET

Canal de Conteúdo de Tarô Nei Naiff: https://academia.eadplataforma.app/plano/canal

Canal de Cartomancia Alexsander Lepletier: Instagram @lenormancia

Canal de Estudos Mágicos Moiradana: Instagram @bruxamoiradana

Tiragem Templo de Hefesto: https://www.facebook.com/edson.previato/

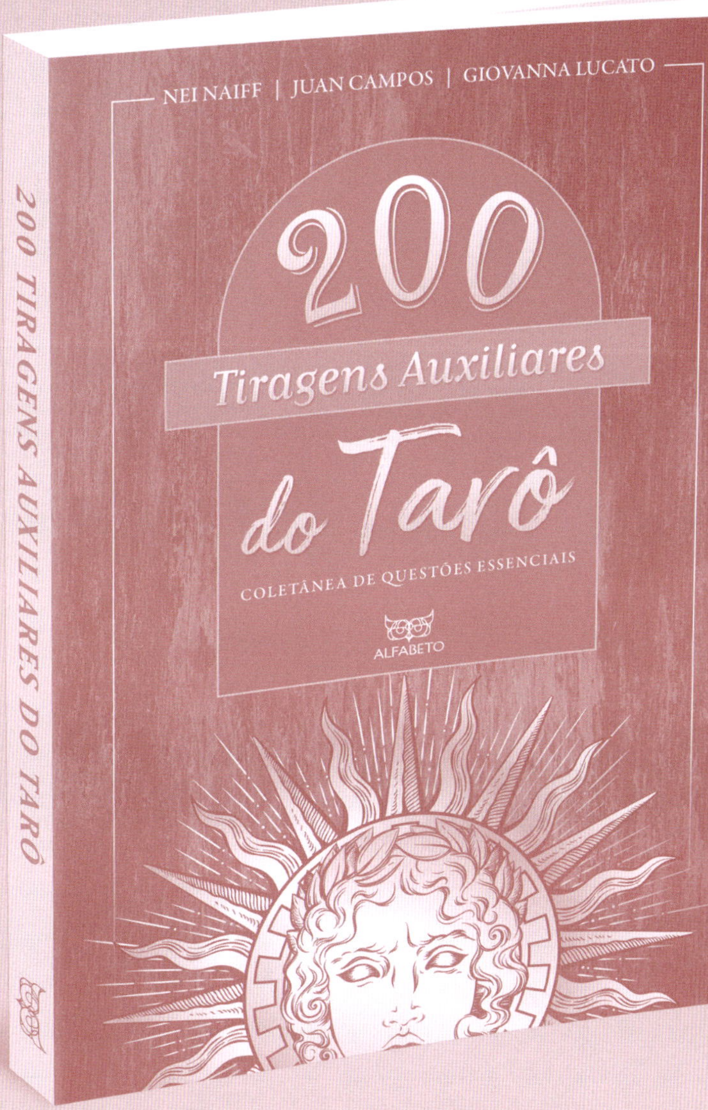
NEI NAIFF | JUAN CAMPOS | GIOVANNA LUCATO
200
Tiragens Auxiliares
do Tarô
COLETÂNEA DE QUESTÕES ESSENCIAIS
ALFABETO
200 TIRAGENS AUXILIARES DO TARÔ

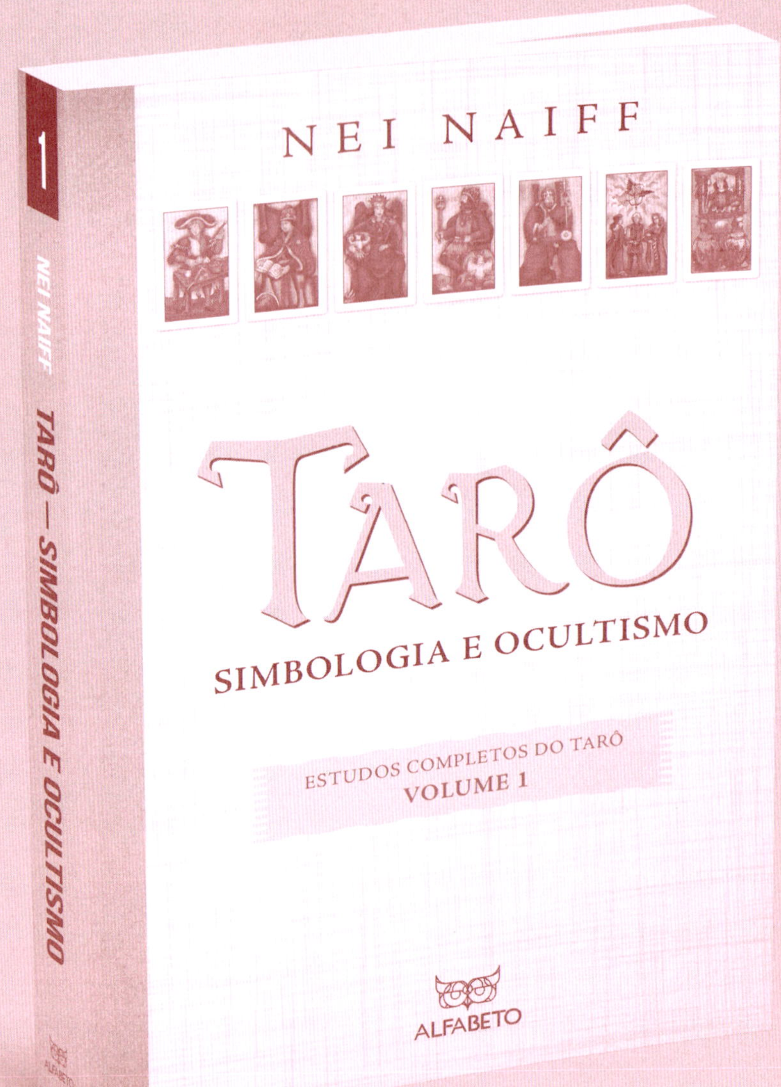
NEI NAIFF
TARÔ
SIMBOLOGIA E OCULTISMO
ESTUDOS COMPLETOS DO TARÔ
VOLUME 1
ALFABETO
1
NEI NAIFF
TARÔ — SIMBOLOGIA E OCULTISMO

NEI NAIFF
TARÔ
VIDA E DESTINO
ESTUDOS COMPLETOS DO TARÔ
VOLUME 2
ALFABETO
TARÔ — VIDA E DESTINO
3
NEI NAIFF
TARÔ — ORÁCULO E MÉTODOS
ALFABETO
NEI NAIFF
TARÔ
ORÁCULO E MÉTODOS
ESTUDOS COMPLETOS DO TARÔ
VOLUME 3
ALFABETO

NEI NAIFF
TARÔ DE
Marselha
78 CARTAS
VII
XIX
LOUCO
CARRO
SOL
ALFABETO
NEI NAIFF
TARÔ DE
Marselha

ODETE LOPES MAZZA
O LIVRO COMPLETO
DO BARALHO PETIT
LENORMAND
ALFABETO
ODETE LOPES MAZZA
O LIVRO COMPLETO DO BARALHO
PETIT LENORMAND
ALFABETO

ODETE LOPES MAZZA
BARALHO CIGANO
LENORMAND
TRADICIONAL
ALFABETO
BARALHO CIGANO LENORMAND TRADICIONAL
Acompanha um livro colorido de 144 páginas + baralho de 38 cartas
ALFABETO

TARÔ DAS
Corujas
ARTE DE ELISABETH ALBA
PAMELA CHEN
ALFABETO
TARÔ DAS
Corujas
PAMELA
CHEN
ELISABETH ALBA
ALFABETO

TARÔ DOS
MAGOS
WIZARDS TAROT
BARBARA MOORE
ALFABETO
TARÔ DOS
MAGOS
BARBARA MOORE
Ilustrado por
MIEKE JANSSENS
ALFABETO

Tarô dos
Gnomos
Victor Valentim
ALFABETO
Tarô dos
Gnomos
Victor Valentim

Tina Simão
Oráculo dos
Florais de Bach
Resgatando a luz interior
ALFABETO
Oráculo dos Florais de Bach
ALFABETO